体育学研究生
论文定量分析方法及其应用

范凯斌　涂东琼◎著

文化发展出版社
Cultural Development Press
·北京·

图书在版编目（CIP）数据

体育学研究生论文定量分析方法及其应用 / 范凯斌，涂东琼著. — 北京 : 文化发展出版社，2023.10

ISBN 978-7-5142-4157-0

Ⅰ. ①体… Ⅱ. ①范… ②涂… Ⅲ. ①体育科学－论文－分析方法 Ⅳ. ① G80

中国国家版本馆 CIP 数据核字 (2023) 第 213068 号

体育学研究生论文定量分析方法及其应用

范凯斌　涂东琼　著

出 版 人：宋　娜

责任编辑：岳智勇　　　　责任校对：侯　娜

责任印制：杨　骏　　　　封面设计：张秋艳

出版发行：文化发展出版社（北京市翠微路 2 号 邮编：100036）

网　　址：www.wenhuafazhan.com

经　　销：全国新华书店

印　　刷：天津和萱印刷有限公司

开　　本：710mm × 1000mm　1/16

字　　数：200 千字

印　　张：10.5

版　　次：2025 年 1 月第 1 版

印　　次：2025 年 1 月第 1 次印刷

定　　价：72.00 元

I S B N：978-7-5142-4157-0

◆ 如有印装质量问题，请电话联系：010-58484999

前　言

随着体育科学的不断发展和进步，定量分析方法在体育学研究中的应用越来越广泛。体育学硕士研究生具备定量分析能力，已经成为该领域对于人才的基本要求。本书将探讨体育学硕士具备研究生定量分析能力的重要价值，以及如何培养这种能力。目前，体育学研究中定量分析方法的应用越来越普遍，这种方法有助于对体育现象进行精确的分析和解释，揭示其内在规律和特征。因此，体育学硕士研究生只有具备扎实的定量分析能力，才能更好地应对研究挑战。首先，这种能力有助于提高研究质量。定量分析方法可以深入探究体育现象的本质，为研究提供更加精确的数据支持。其次，定量分析能力有助于提高体育学硕士研究生的综合素质。通过学习和应用定量分析方法，可以培养他们严谨的逻辑思维、数据分析和处理能力，对于未来的体育科研、教学和训练都具有重要的意义。

在当今的体育学研究中，定量分析方法被广泛应用于数据统计、实验设计、问卷调查等领域。这种方法的运用能够帮助研究者对研究问题作出更加准确、客观的判断。然而，在实际操作中，体育学硕士研究生的定量分析能力存在一定的局限性。首先，研究生对于定量分析方法的掌握程度有限。由于缺乏系统的培训和学习的机会，许多研究生对于统计分析、实验设计等定量分析方法的理论知识和实际操作能力相对较弱，这使得他们在研究中难以准确地解释和分析数据，从而影响了研究结果的可靠性。其次，研究生在运用定量分析方法时容易陷入方法选择的误区。不同的定量分析方法有着不同的适用条件和数据要求，然而许多研究生在选择分析方法时往往只关注方法的表面特征，而忽略了其适用条件和数据要求，导致分析结果的失真。

第一，加强研究生定量分析能力的培训。学校和导师应该为研究生提供更多的培训机会，包括开设相关的课程、举办专题讲座、组织实践操作等，以提高研究生的定量分析能力和实际操作水平。

第二，强化研究生定量分析方法的理论学习。研究生应该加强对定量分析方法理论的学习，理解不同方法的原理和特点，从而能够在研究中做出正确的选择。

第三，提高研究生对于数据解释和分析的准确性。研究生应该加强对数据的理解和分析，通过反复练习和实践，提高对数据的敏感性和判断力。综上所述，虽然体育学硕士研究生的定量分析能力存在一定的局限性，但是通过加强培训、强化理论学习和提高数据解释和分析的准确性，我们可以有效地改善这一情况。未来，我们期待看到更多的体育学研究生在定量分析方面能力的提升，为体育科研的发展贡献更多的力量。

范凯斌　涂东琼

2023 年 5 月

目 录

第 1 章　业余运动员的身体成分对平衡能力作用机制研究

学习导语

平衡能力对人体维持姿势和体位稳定，进行各项活动，尤其是行走、跑动、跳跃等复杂运动起到重要的作用。影响平衡能力的因素多种多样，本书主要研究业余运动员的身体成分与平衡能力内在联系，旨在为通过改变身体成分提升业余运动员的平衡能力提供理论依据。

本研究用测量仪器得出业余运动员身体成分的相关参数，使用单脚踏板闭眼站立测试静态平衡能力，选择“踵趾步态测试（Tandem Gait Test）”作为动态平衡能力的测试手段。然后采用 Epi Data 3.1 建立数据库并剔除无效数据，运用 DPS 数据处理系统软件进行统计分析，同时采用了独立样本 T 检验和灰色关联优势分析法进行研究。

通过研究得出提高人体非脂成分，能够有效提高业余运动员的平衡能力，同时从增加力量练习和有氧练习，摄入足够的优质蛋白质入手，发现增加肌肉含量、降低脂肪率，能有效提高业余运动员的平衡能力。

［摘要］目的：探索业余运动员的身体成分对平衡能力作用机制。方法：招募国家二级及以上运动员 200 名，运用生物电阻抗法、场地测试法获取相关数据，采用 DPS 数据处理系统进行数据分析。结果：除脂肪总量、四肢和躯干脂肪含量之外，业余运动员其他身体成分的性别差异有统计学意义；其静态平衡能力的性别差异无统计学意义，动态平衡能力的性别差异有统计学意义。总体上，业余运

动员身体成分与综合平衡能力、静态平衡能力和动态平衡能力呈强相关。业余运动员的非脂成分与综合平衡能力、静态平衡能力呈强相关；与动态平衡能力强关联的体成分，除了非脂成分外，还增加了脂肪率、脂肪量两个脂类指标。结论：摄入足够的蛋白质，增加力量和有氧练习，降低脂肪率，有助于业余运动员提升平衡能力。

关键词：业余运动员；体成分；平衡能力。

The Mechanism of Amateur Athletes' Body Composition on Balance Ability

Fan kaibin[1]

(1.School of Sports Training,Nanjing Sport Institute,Nanjing 210046,China)

[Abstract] Objective:To explore the mechanism of the body composition of amateur athletes on balance ability. Methods:200 national athletes of the second class and above were recruited, and the relevant data were obtained by bioelectrical impedance method and field test method. The data were analyzed by DPS data processing system. Results:The fat content of limbs and trunk except the total fat content the gender difference of other body components of amateur athletes was statistically significant. The gender difference in static balance ability was not statistically significant, while the gender difference in dynamic balance ability was statistically significant. On the whole, the body composition of amateur athletes is strongly related to their comprehensive balance ability, static balance ability and dynamic balance ability. The non-fat composition of amateur athletes is strongly related to their comprehensive balance ability and static balance ability, while the fat composition is moderately related to their comprehensive balance ability and static balance ability. Different from the comprehensive balance ability and static balance ability, the body composition that is strongly related to the dynamic balance ability, in addition to the non- fat component, also increases the fat rate and fat volume. Conclusion:Taking in enough protein, increasing strength and aerobic exercise and reducing fat rate are helpful for amateur athletes to improve their balance ability.

Key words：Amateur athletes；Body composition；Balance ability.

平衡是指人体在不同的环境和情况下，维持身体处于一种稳定状态的能力。平衡能力对人体维持姿势和体位稳定，进行各项活动，尤其是行走、跑动、跳跃等复杂运动起到重要的作用。平衡能力一般可分为静态平衡能力和动态平衡能力两类。静态平衡能力是指人体在不受外力的作用下，维持身体处于某种姿势的能力。动态平衡能力指外力作用于人体或身体的原有平衡被破坏后，调整和控制身体姿势保持稳定的能力。静态平衡是动态平衡的基础和保证 [1]。

重心位置是影响人体平衡能力的重要的力学因素。对于一般固定形状的物体，其重心位置是固定的。而人体重心是不断变化的，在一段时期内，人体重心受到肌肉和脂肪的和分布和增减等因素影响 [2]。身体成分影响重心位置。因此，身体成分影响人体平衡能力。

长期的运动训练会改变人的身体成分，因此运动人群与非运动人群的身体成分有较大区别，其身体成分与平衡能力关系也有较强的独特性。但是目前对于运动人群的身体成分与平衡能力之间的定量关系尚不明确。因此，本研究探讨业余运动员的身体成分与平衡能力内在联系，旨在为通过改变身体成分提升业余运动员的平衡能力提供理论依据。

1 研究对象与方法

1.1 研究对象

本书的研究对象是业余运动员的身体成分与平衡能力的关系。2022 年 9—10 月，在知情同意的基础上，招募某体育学院在读大学生 200 名，其中男女生各 100 名。他们全部取得国家二级或以上等级运动员证书。经向受试者询问排除各种病史、运动损伤、精神正常，半年内未服用任何钙剂、类固醇激素等。测试前没有大负荷训练，一周告知被试并签署知情同意书。

1.2 测试内容

本章依据科学性原则、可操作性原则、安全性原则和简单性原则选取测试指标和方法。

1.2.1 身体成分

依据相关文献推荐身体成分测试工具[3]，本研究身高采用 TANITA 百利达公司生产的身高体重计 WB-3000 测量；身体成分采用生物电阻抗分析法，测量仪器为人体脂肪测量仪（日本 TANITA 百利达株式会社生产，BC-601[4-5]）测量，被试的年龄参考其居民身份证（测试时必须携带）。输入相关参数后，仪器最终析出项目有：体重（kg）、BMI、脂肪率（%）、去脂体重（kg）、水分率（%）、内脏脂肪等级（级）、骨质量（kg）、蛋白质（%）、骨骼肌量（kg）、四肢骨骼肌指数（kg/m^2）、脂肪（kg）、右上肢脂肪（kg）、左上肢脂肪（kg）、躯干脂肪（kg）、右下肢脂肪（kg）、左下肢脂肪（kg）、骨骼肌（kg）、右上肢骨骼肌（kg）、左上肢骨骼肌（kg）、躯干骨骼肌（kg）、右下肢骨骼肌（kg）、左下肢骨骼肌（kg）。

1.2.2 静态平衡能力

静态平衡能力测试方法有许多，如单腿站姿测试（stork stand test）、踏板测试（treadle test）、WIN-POD 平衡功能检测系统等项目（WIN-POD balance test system）。[6] 个别项目由于易形成“天花板效应”，并不完全适合运动员人群；有的项目器材设备昂贵，搬运不便，不适合大样本测试。由此我们选择踏板测试（treadle test），其主要的测试方法为：“被试单脚或双脚前脚掌踏在木板上，双手叉腰或交叉握于体前，测试维持身体平衡的时间。可依据对象的不同，选择闭眼或睁眼，共有双脚睁眼、双脚闭眼、单脚睁眼、单脚闭眼四种方案，难度逐渐增加。”[7] 针对本研究的业余运动员，经过试验后发现睁眼和双脚项目测试的时间同样过长，单脚踏板闭眼站立较为合适。

1.2.3 动态平衡能力

文献表明[8]，适合大规模运动人群的集中测试指标有：功能性前伸（functional reach test）、闭眼原地踏步测试（closed circles test）、闭眼 10m 行走测试（closed 10m walking test）、8 点星型偏移平衡测试（star excursion balance tests）、踵趾步态测试（tandem gait test）。本研究选择“踵趾步态测试（tandem gait test）”作为动态平衡能力的测试手段。其具体步骤为：用胶带和卷尺在地板上标记出 3m 线及两条用于指示 3m 线的起点和终点的 0.25m 长的垂直线。将双手放在髋部，并以交替的、脚跟贴着脚趾的方式从这个起点向另一端移动。在越过末端的垂直线后，转身并重新以交替的、脚跟贴着脚趾的方式移动，直至回到起点。以 4 次测试中最短的时间作为最终结果。

1.3 统计分析

采用 Epi Data 3.1 建立数据库并剔除无效数据。本研究主要运用 DPS 数据处理系统软件进行统计分析。计量资料经检验呈正态分布，以平均值 ± 标准差表示。性别间不同指标比较采用独立样本 T 检验；体成分与静态平衡能力、动态平衡能力的关联度，采用灰色关联优势分析法，计算步骤：第一，确定母序列和子序列。本文分别将身体成分的各个指标作为子序列，将静态平衡能力（单脚踏板闭眼站立）和动态平衡能力（踵趾步态测试）作为母序列。第二，选择初值法将原始数据无量纲化。第三，求差异信息序列。第四，计算关联系数。第五，计算关联度。第六，排关联序。第七，列关联矩阵进行优势分析。

2 研究结果

2.1 基本情况

表 1–1 显示：不同性别的身高、体重、BMI、脂肪率、水分率、骨盐量、蛋白质、骨骼肌量、右上肢骨骼肌、左上肢骨骼肌、躯干骨骼肌、右下肢骨骼肌、左下肢骨骼肌的差异具有显著差异（$P<0.05$）。

其中，男性的身高、体重、BMI、去脂体重、水分率、骨盐量、蛋白质、骨骼肌量、右上肢骨骼肌、左上肢骨骼肌、躯干骨骼肌、右下肢骨骼肌、左下肢骨骼肌高于女性，而女性的脂肪率高于男性。男性的脂肪量高于女性，女性的右上肢脂肪、左上肢脂肪、躯干脂肪、右下肢脂肪、左下肢脂肪高于男性，但差异不显著（$P>0.05$）。

经过非参数检验，不同性别的内脏等级呈现显著差异（$P<0.01$）。不同性别的踏板单脚闭眼站立的差异不显著（$P>0.05$），但踵趾步态分析的性别差异非常显著（$P<0.01$）。

表 1–1　业余运动员的身体成分和平衡能力描述性分析结果（±s）

指标	男	女	T	P
身高 /cm	180.3±7.2	166.7±7.1	8.698	0.000
体重 /kg	78.1±1.4	59.2±1.2	6.536	0.000
BMI/kg/m²	23.8±0.5	21.1±0.1	0.568	0.000
脂肪率 /%/	17.7±1.1	22.9±1.7	−0.693	0.000
去脂体重 /kg	63.7±0.9	45.2±0.8	0.105	0.000
水分率 /%	59.5±1.3	56.5±1.2	0.410	0.047
骨盐量 /kg	3.3±0.4	2.6±0.5	0.419	0.000
蛋白质 /%	17.8±1.4	16.2±1.2	0.582	0.000
脂肪 /kg	14.3±1.0	14.0±1.1	0.410	0.827
右上肢脂肪 /kg	0.6±0.5	0.7±0.5	−0.683	0.289
左上肢脂肪 /kg	0.7±0.5	0.8±0.5	−0.760	0.485
躯干脂肪 /kg	8.7±0.2	8.1±0.6	0.269	0.531
右下肢脂肪 /kg	2.2±0.9	2.2±0.8	−0.638	0.898
左下肢脂肪 /kg	2.1±0.9	2.2±0.8	−0.747	0.824
骨骼肌量 /kg	30.6±0.8	23.6±0.4	0.131	0.000
右上肢骨骼肌 /kg	3.7±0.7	2.3±0.4	0.034	0.000
左上肢骨骼肌 /kg	3.4±0.6	2.2±0.4	0.063	0.000
躯干骨骼肌 /kg	7.1±1.5	6.0±1.5	0.565	0.000
右下肢骨骼肌 /kg	10.0±1.6	6.6±1.0	0.009	0.000
左下肢骨骼肌 /kg	9.9±1.6	6.6±0.9	0.008	0.000
踏板单脚闭眼站立 /s	3.9±0.7	3.8±0.4	0.029	0.977
踵趾步态分析 /s	8.8±0.3	10.4±0.1	−2.929	0.004

2.2 灰色关联优势分析

如表 1–2 所示，当 0<R ≤ 0.35，为弱关联；当 0.35<R ≤ 0.65，为中关联[9]；当 0.65<R ≤ 1.0，为强关联。据此认为：业余运动员的身体成分与综合平衡能力（包括静态平衡能力和动态平衡能力）关联度为 0.683，属于强关联。具体而言，业余运动员的脂肪率、内脏脂肪等级、脂肪总量、四肢脂肪量——脂类成分与综合平衡能力呈中等关联在 0.436～0.637 之间，属中等关联；其非脂成分与综合平衡能力的关联度均大于 0.65，属强关联。

业余运动员的身体成分与静态平衡能力的关联度平均为 0.663，呈强关联。具体而言，业余运动员非脂成分与静态平衡能力的关联度均在 0.65 以上，呈强关联。而业余运动员的脂肪率、内脏脂肪等级、脂肪总量及四肢脂肪量与静态平衡能力的关联度在 0.431～0.624 之间，呈中等关联。

业余运动员的身体成分与动态平衡能力的关联度平均为 0.703，属于强关联。其中，业余运动员的内脏脂肪等级、左右上肢脂肪量与动态平衡能力的关联度在 0.442～0.614 之间，呈中等关联；业余运动员的其他身体成分与动态平衡能力关联度均大于 0.65 之间，属于强关联。

表 1–2　业余运动员的身体成分与平衡能力的关联矩阵

指标	静态平衡	动态平衡	平均值	指标	静态平衡	动态平衡	平均值
身高	0.691	0.792	0.741	左上肢脂肪	0.593	0.610	0.601
体重	0.701	0.742	0.722	躯干脂肪	0.636	0.638	0.637
BMI	0.677	0.767	0.722	右下肢脂肪	0.625	0.647	0.636
脂肪率	0.578	0.658	0.618	左下肢脂肪	0.637	0.643	0.640
去脂体重	0.721	0.736	0.729	骨骼肌	0.722	0.732	0.727
水分率	0.698	0.793	0.745	右上肢骨骼肌	0.719	0.715	0.717
内脏脂肪等级	0.624	0.614	0.619	左上肢骨骼肌	0.707	0.727	0.717
骨盐量	0.711	0.758	0.734	躯干骨骼肌	0.697	0.740	0.719
蛋白质	0.697	0.801	0.749	右下肢骨骼肌	0.728	0.718	0.723
骨骼肌量	0.722	0.732	0.727	左下肢骨骼肌	0.721	0.724	0.723
脂肪量	0.607	0.656	0.632	平均值	0.663	0.703	0.683
右上肢脂肪	0.431	0.442	0.436				

3 讨论

在非运动人群中，女性体脂率高于男性，男性的肌肉质量高于女性基本成为共识。[10–15] 本研究发现：虽然男女业余运动员的脂肪量差异没有统计学意义，但其体脂率和肌肉量等指标均有统计学意义，与非运动人群的体成分性别差异基本一致。

迄今，性别对平衡能力是否存在影响尚无定论。[16] 本研究发现：静态平衡能力的性别差异没有统计学意义，而动态平衡能力具有统计学意义。其原因可能是男性的力量较大，肌肉含量较高，有助于控制身体平衡，而女性具备较强的体型优势。运动生理学揭示：女子上体长而窄，下肢短而窄，肩窄盆宽的体型；男子上体短而宽，下肢长而细，肩宽盆窄的体型，成年后的男女体型的差异明显。两性各自的优势使其静态平衡能力差异缩小。但是，在快速运动中，需要强大的神经肌肉控制。男性的肌肉力量越大，神经传导效率越高，动态平衡能力更强。

身高、体重对平衡能力产生的影响同样存在争议。Lebiedowka 的研究显示：儿童的身高与平衡能力的相关性没有统计学意义。游永豪等人研究发现：青年男女的身高与动态平衡能力、综合平衡能力的相关不显著，但是青年男性的身高与静态平衡能力弱相关。青年男女的体重与静态平衡能力和综合平衡能力相关不显著，但青年男性的体重与动态平衡能力显著相关。[17] 本书研究得出业余运动员与静态平衡能力、动态平衡能力和综合平衡能力高度关联，可能平衡能力是多种因素综合作用的结果，而非局限于身高、体重，业余运动员的平衡能力更多与神经肌肉控制能力较强有关。

研究显示："医学院的男生和女生 BMI、体脂肪率和腰臀比与单脚站立时间均无线性相关关系。""少年儿童的体重、BMI、体脂率对静态和动态平衡能力均没有影响。青年男女的 BMI 与动态平衡能力显著负相关，与静态平衡能力相关不显著；青年男女的体脂率和腰臀比与动态和静态平衡能力相关不显著。"本研究得出：总体上，业余运动员身体成分与综合平衡能力、静态平衡能力和动态平衡能力呈强相关；业余运动员的非脂成分与综合平衡能力、静态平衡能力呈强相关，脂类成分与综合平衡能力、静态平衡能力呈中等关联；与综合平衡能力、静态平衡能力不同的是，与动态平衡能力强关联的体成分，除了非脂成分外，还增加了脂肪率、脂肪量两个脂类指标。

本研究与相关研究结果有较大差异，究其原因有：①对象不同。本研究的对象是经常锻炼人群。经过长期的体育锻炼的人群其身体成分发生适应性改变，主要体现在肌肉量增加和体脂率降低两个方面。非运动人群的体脂率较高，肌肉质量相对低下，致使体成分与平衡能力的关联强度较弱。②样本量不同。相关研究的样本量为 40 名，其中男性 22 名，女性 18 名。本研究的样本量为 100 名，男女各 50 名，样本量的差异可能对统计结果有一定影响。③统计方法不同。本研究的灰色关联法，对样本量大小，数据的典型分布没有过高的要求。而已有的研究使用的 Pearson 相关分析法，文中样本量较小，且未见其对数据分布类型和相关的检验进行交代。④测量仪器不同。相关研究的动态平衡能力采用德国产的 Balance-Check 型动态平衡测试仪；静态平衡能力采用中国科学院合肥智能机械研究所研发的 BX-BAL-100 型静态平衡测试仪，各种测试方法各有利弊。⑤指标不同。已有研究体成分一般选取 BMI、体脂率和腰臀比，本书的指标相对更多。不同测试指标的侧重点各异，直接和间接地导致测试结果的差异。

去脂体重、水分率、骨盐量、蛋白质及肌肉量等非脂成分与综合平衡能力和静态平衡能力有密切关系。启示：通过提高人体非脂成分，能有效提高业余运动员的综合平衡能力和静态平衡能力。究其原因，去脂体重、水分率、骨盐量、蛋白质及肌肉量是一个相互联系、相互促进、相互影响的整体的不同部分。以骨骼肌为主要成分的去脂体重占总体重的比例，对运动员的运动能力有极大的影响。水分率和肌肉含量有着非常密切的关系，因为肌肉中含大量水分（大概 70%）。肌肉与骨骼共同组成运动系统，二者不仅在解剖位置紧密相邻，还在功能上相互促进。肌肉减少症将引发骨折、代谢紊乱、易疲劳等。受着共同的激素调节影响，肌肉可以通过应力系统改变骨骼的强度和硬度，骨质的流失。[18–20] 蛋白质约占人体总质量的 16%～20%。蛋白质同样主要在存于肌肉中。因此，去脂体重、水分率、骨盐量、蛋白质与肌肉量密切相关。提高肌肉量，能带动去脂体重、蛋白质、水分率和骨盐量的提升。良好的肌肉量是维持较高生活质量的必要条件，更是运动员出色完成日常训练、提高战斗力和运动表现的物质基础。其衰减程度是衡量人体衰老的重要标志，肌衰减症将影响日常活动能力，肌力下降导致身体姿势失衡，由此造成人体局部组织器官负荷过大，日积月累易患骨质疏松、椎间盘突出、关节炎等疾病。业余运动员干预的核心在于改善膳食结构，摄入足量的蛋白质，在此基础上通过运动干预，增加骨骼肌含量，能有效改善业余运动员的综合平衡能力。

值得注意的是，相比综合平衡能力与静态平衡能力而言，与动态平衡能力强相关身体成分指标基础上增加了脂肪率和内脏脂肪等级，说明脂肪率和内脏脂肪等级对动态平衡能力有较强影响。进一步统计表明，脂肪率与内脏脂肪等级与动态平衡能力呈负相关，即脂肪率和内脏脂肪等级越高，动态平衡能力越差。[21] 有研究表明：体脂率越高，动态平衡能力越差。虽然有人并不肥胖，但由于肌肉含量低，体脂率高致使肢体乏力，肢体运动功能受限。因此，改善业余运动员的动态平衡能力，需要在摄入蛋白质和提升肌肉质量，还要控制体脂率，增加有氧练习。

本研究结果印证了相关研究，比如“飞轮抗阻训练能显著改善老年人骨骼肌肥大、肌肉力量和平衡能力”，[22] 即骨骼肌肥大与肌肉力量和平衡能力具有较强的相关性。而“患肌少症或肌少—骨质疏松症都会增加绝经后女性静态和动态平衡不良的发生风险”。[23] 研究显示，“70 岁以上的老年人肌力只相当于年轻时的 50% 左右，同时伴随着机体的平衡能力，体位的感觉能力、神经冲动的传导速度明显减退。”[24] 不同的训练方式对平衡能力的影响不同，动力性力量的增加能显著提高老年人的平衡能力，证实力量练习能有效防止老年人摔倒，从而增加或延长他们独立生活的能力，提高生活质量。渐进性力量练习使老年人双侧股四头肌肌力和平衡能力的增强效果比参加灵活性训练计划的老年人更明显，股四头肌力量在身体功能性活动方面（包括站立、行走和蹲等活动）起重要作用。

总之，与非运动人群比较，业余运动员身体成分与平衡能力呈强关联。具体主要从增加力量练习和有氧练习，摄入足够的优质蛋白质入手，同时增加肌肉含量、降低脂肪率，能有效提高业余运动员的平衡能力。

参考文献

[1] 何俊，钟裕．新编康复治疗学及临床应用 [M]，吉林：吉林科学技术出版社，2019．

[2] 赵焕彬，李建设．运动生物力学 [M]．北京：高等教育出版社，2008：143．

[3] 李珊，宋晴阳，宇克莉，等．生物电阻抗法测量身体成分的可行性 [J]．解剖学杂志，2019，42（5）：480−486．

[4] 于会新，李咏兰，郑连斌，等．中国少数民族体成分的变化 [J]．人类学学报，2022，41（1）：36−50．

[5] 李咏兰，郑连斌．中国西部地区蒙古族的身体组成成分 [J]．解剖学报，2020，51（2）：278−283．

[6] 迈克尔・雷曼，罗伯特・曼斯克．功能性运动表现测试指导手册 [M]．沈兆，雷宁，译．北京：人民邮电出版社，2020．

[7] 陆阿明，张秋霞．人体运动动作测量与分析实践指导 [M]．苏州：苏州大学出版社，2017．

[8] 游永豪．不同人群平衡能力的影响因素研究 [M]．合肥：中国科学技术大学出版社，2010．

[9] 冯为远．基于灰色关联度的职业教育与经济协调发展研究——以中山市为例[J]．高教探索，2019（7）：92−96，107．
[10] 闫鑫，解瑞宁，乔艺，等．医学生进食行为与体成分的相关性 [J]．中国学校卫生，2022，43（8）：1202−1206．
[11] 李咏兰，郑连斌．中国西部地区蒙古族的身体组成成分 [J]． 解剖学报，2020，51（2）：278−283．
[12] 黄大元，张惠娟，田淼，等．湖南土家族成人的皮褶厚度和体成分分析 [J]．人类学学报，2021，40（5）：857−866．
[13] 孔存青，陈兴才，伍华乾，等．广西某高校学生坐位体前屈与体成分性别差异的调查 [J]． 中国组织工程研究，2019，23（15）：2356−2363．
[14] 李珊，郑连斌，宇克莉，等．云南白族成人身体成分与营养体格指数分析 [J]．天津师范大学学报（自然科学版），2019，39（5）：76−80．
[15] 王芳媛，张一英，张社平，等．临夏州回族成人体成分分析 [J]． 解剖学杂志，2018，41（5）：581−586．
[16] 任志斌，陈静．人体平衡能力影响因素综述 [J]．体育科技文献通报，2021，29（11）：213−216．
[17] 游永豪．不同人群平衡能力的影响因素研究 [M]．合肥：中国科学技术大学出版社，2018．
[18] LANG T,STREEPER T,CAWTHON P,et al.Sarcopenia:etiology,clinicalconsequences,intervention,andassessment[J].OsteoporosInt,2010,21(4):543−559.
[19] DI MONACO M,VALLERO F, DI MONACO R, et al. Prevalence of sarcopenia and its association with osteoporosis in 313 older women following a hip fracture[J]. Archives of gerontology and geriatrics, 2011, 52(1): 71−74.
[20] BOGL L H, LATVALA A, KAPRIO J, et al. An investigation into the relationship between soft tissue body composition and bone mineral density in a young adult twin sample[J]. Journal of Bone & Mineral Research the Official Journal of the American Society for

Bone & Mineral Research，2011，26(1):79−87.

[21] 彭飞，宋清华，赵新平．体脂率对中老年人肢体运动能力的影响[J]．中国老年学杂志，2018，38（5）：1138−1139.

[22] 王皎琴，傅鸿浩，张强，等．飞轮抗阻训练对老年人骨骼肌肥大、肌肉力量和平衡能力影响的 Meta 分析[J]．首都体育学院学报，2022，34（5）：568−579.

[23] 常青，周军，平金琼，等．绝经后女性肌少症和骨质疏松症对平衡能力的影响[J]．中国骨质疏松杂志，2022，28（8）：1104−1108，1120.

[24] 谭思洁．肌肉适能评定理论与方法[M]．北京：知识产权出版社，2016.

第2章　对抗类项目专业运动员动态平衡能力探索研究

学习导语

动态平衡能力是运动员制胜的关键因素，几乎所有的运动项目都需要花费时间发展运动员的动态平衡能力。目前，关于对抗类项目运动员的动态平衡能力比较研究略显单薄。与其他项目本质区别是，对抗类项目运动员需要破坏对手的身体平衡取得主动或得分。动态平衡能力影响因素复杂，单一的测试手段可能有一定局限性。因此，本章基于从原地到移动，由张目至闭目，上下肢和核心部位全面参与的考量，选取SEBT、FRT、CWT−10、TGT这4种方法作为测试手段，综合系统地考察对抗类项目专业运动员动态平衡能力。

本研究主要是将数据录入在EXCEL中，采用投影寻踪分类法进行数据处理，借助MATLAB工具运行实数编码的加速遗传算法最优化算法求解。投影寻踪分类法是一种既可做探索性分析，又可作确定性分析的聚类和分类方法。其特点是在未知权重系数的情况下，通过把高维数据投影至低维（1～3维）子空间上，对于投影到的构形，采用投影指标函数来衡量投影暴露某种结构的可能性大小，寻找出使投影指标函数达到最优（能反映高维数据结构或特征）的投影值，然后根据该投影值与研究系统的输出值之间的散点图构造数学模型以预测系统的输出。它避免了专家打分的人为因素干扰，省去了专家打分评定的步骤，更为准确和便捷。投影寻踪分类法计算步骤如下：数据标准化、线性投影、目标函数、优化投影方向、综合评价分析。然后再通过单因素方差分析法比较对抗类不同项目专业运动员的不同动态平衡能力及综合评价值的组间差异，检验水准 $\alpha = 0.05$。

本研究通过以上数理统计方法，比较对抗类项目不同专项的专业运动员动态平衡能力的异同，系统地探索对抗类项目运动员的动态平衡能力的特点，丰富和发展动态平衡训练理论，为对抗类项目运动训练科学监控提供实际指导。

[摘要]目的：探索比较对抗类项目运动员动态平衡能力的专项特征。方法：随机抽取专业运动员96名，采用星状偏移平衡（SEBT）、功能性伸展（FRT）、闭目10m行走（CWT—10）、踵趾步态测试（TGT）四种方法测试其动态平衡能力，应用独立样本T检验和方差分析进行比较。结果：对抗类项目运动员的FRT和TGT成绩性别差异具有统计学意义，TGT的成绩运动级别差异具有统计学意义。对抗类项目运动员的SEBT、FRT、TGT三个指标上专项差异具有统计学意义。结论：对抗类项目动态平衡比较，击剑项目在上下肢功能伸展能力，篮球项目在速度和协调性控制方面优势明显，跆拳道、柔道项目分别在下肢功能伸展能力，网球、乒乓球在上肢功能伸展具有比较优势。

关键词：对抗项目；运动员；动态平衡；探索

Exploration and Research on Dynamic Balance Ability of Professional Athletes in Some Counter Events

[ABSTRACT] Objective To explore and compare the differences of dynamic balance ability of professional athletes in antagonistic events. Methods: Ninety-six professional athletes were randomly selected, and their dynamic balance ability was tested by four methods, namely, SEBT, FRT, CWT-10 and TGT. Independent samples T-test and ANOVA were used for comparison. Results: There were statistically significant gender differences in the FRT and TGT performance of the athletes in the antagonistic events, and there were statistically significant differences in the sports level of the TGT performance. There are statistical differences in SEBT, FRT and TGT among the athletes of antagonistic events. Conclusion: Fencing has obvious advantages in upper and lower limb functional extension, basketball has obvious advantages in speed and coordination control, taekwondo and judo have comparative advantages in lower limb functional extension, tennis, table tennis and upper limb functional extension.

Key words: Confrontational Sports Athletes; Dynamic Equilibrium; Exploration

人体的平衡系统是由视觉系统和运动系统（肌肉、骨骼和感受器）组成，在眼睛、内耳和神经末梢三种感觉器官的共同作用下，帮助人体在不同情况下保持方向感和平衡感。依据平衡的性质可以将人体平衡能力分为三类：对称平衡能力、静态平衡能力和动态平衡能力。对称平衡能力是指同时将身体的重量均衡分配到身体多个支撑点的能力；静态平衡能力是指人体或人体某一部位保持某种特定姿势稳定的能力；动态平衡能力是指人体在运动状态下，对人体重心和姿势调整和控制的能力。[1]

动态平衡能力是运动员制胜的关键因素。几乎所有的运动项目都需要花费时间发展运动员的动态平衡能力。因此，如何提高运动员的动态平衡能力成为研究热点。[2-7] 上述研究涉及荷球、田径、足球及综合类项目，动态平衡能力测试多采用 Y 平衡测试（Y balance test，YBT）以评估运动员动态平衡能力，上述研究丰富了动态平衡的理论和实践。

动态平衡能力影响因素复杂，单一的测试手段有一定局限性，美国国家体能协会曾提到，“一种测试只能评价一方面的能力，所以尽可能每个类型都安排测试”。Y 平衡测试手段包括上肢（YBT-UQ）和下肢伸展能力测试（YBT-LQ），已有的研究集中为 YBT-LQ，YBT-UQ 相对罕见。YBT-LQ 主要是腿部与身体的相对位置改变，人体并未发生位移，实际运动中人体的时空位置在不断发生变化。因此有必要增加移动中的测试手段。人体运动行为发生在所有三个运动平面——矢状面、额状面和水平面，其中水平面的动作以旋转为主，而旋转动作能力与前庭功能密切相关，所以有关前庭功能的测试手段不可或缺。可见，优秀运动员的动态平衡能力的测试手段亟待丰富。

对抗类项目的动态平衡能力研究较为薄弱。对抗性项且主要包括隔网对抗、同场对抗、格斗对抗项目，这些项目属于多元动作结构的变异组合项目。与其他项目本质区别是，对抗类项目运动员的运动表现极易受对手的滋扰，在激烈对抗时一旦平衡能力不济，运动员在协调身体各部分的动作时就不会有节奏感和流畅感，在与对手身体接触、猛烈碰撞后无法在稳定的状态下完成多个动作，失去稍纵即逝的战机，[8]对抗类项目运动员的动态平衡能力具有独特性。

不仅如此，同属对抗类项目的不同项目对动态平衡能力也要求各异。训练的科学化控制前提之一是训练手段的差异化和针对性。训练手段的差异性决定了训练策略的科学性。目前，已有的关于研究不同专项的运动员动态平衡能力的比较研究报道不多。

基于以上学术空间，本章拟增加动态平衡能力的测试手段，通过比较对抗类项目不同专项的专业运动员动态平衡能力的异同，系统地探索对抗类项目运动员的动态平衡能力的特点，以丰富和发展动态平衡训练理论，为对抗类项目运动训练科学训练和监控提供实际指导。

1 研究对象与方法

1.1 研究对象

选取我国某省对抗类项目专业运动队 96 名在训运动员为测试对象，包括：乒乓球项目 15 名，网球项目 17 名，击剑项目 13 名，篮球项目 20 名，柔道项目 16 名，跆拳道项目 15 名。男子 60 名，身高为 174.4±6.1cm，体重为 71.1±9.3kg，训练年限 9.9±2.5 年；女子 36 名，平均身高为 165.2±6.9cm，体重 67.9±11.8kg，训练年限 8.8±2.4 年。其中国际健将 4 名，国家健将 32 名，国家一级运动员 60 名。纳入标准：测试对象在测试前的神经系统、运动系统和耳鼻喉眼、眩晕病史回顾无异常；未进行专门、系统的平衡能力训练，心理正常。鉴于专业运动队忙于备战全运会、奥运会的客观实际，本研究测试时限跨度较长。以上所有的测试自 2019 年 9 月始至 2022 年 11 月止。测试地点为各运动队的训练场馆。测试之前签署知情同意书。

1.2 方法

1.2.1 专家咨询法

①专家纳入标准。通过函询体能训练专家的意见，确立将本次动态平衡能力指标遴选专家的纳入标准如下：在国家队或省级优秀运动队担任 5 年以上体能教练；高等体育院校及省级以上体育科研单位从事体能训练研究的正高级职称教授或研究员。据此，本研究一共咨询了相关专家教授 25 名，平均年龄 46.7±2.1 岁，其中体能教练 15 名（60%），高校和体育科研所的正高级体能专家 10 名（40%）。在体能相关领域工作年限 5～9 年占比 7.55%，10～19 年占比 42.3%，20 年以上占比 50.15%；具有本科学历的占比 22.22%，硕士占比 24%，博士学历占比 53.78%。②专家的积极性。本研究三轮均发放问卷 25 份，回收 25 份，有效回收 25 份，有效回收率 100%，一方面说明专家积极性高，另一方面折射出本研究的迫切性和重要性。③专家的权威程度。结果显示，各指标的权威系数均值在 0.75 以上，超过筛选标准 0.70。说明专家对本次调研的指标比较熟悉，评判结果可靠性和科学性强。④专家意见协调度。关于动态平衡测试指标的重要性，专家意见第一轮的肯德尔系数 0.118 提升至第三轮的 0.376；测试指标的可操作性分别从第一轮的肯德尔系数 0.147 提升至第三轮的 0.390。显著性均小于 0.05，说明本次调查专家意见的协调度较高。

表 2–1　运动员动态平衡能力评估指标专家评分一览表

指标	综合得分	变异系数	权重
星状偏移平衡	4.5±0.2	0.12	0.51
功能性伸展	4.1±0.5	0.11	0.22
闭目原地踏步	3.7±0.3	0.12	×
闭目 10m 行走	4.3±0.1	0.13	0.14
踵趾步态	4.2±0.2	0.17	0.13
平衡木行走	4.2±0.3	0.31	×
稳定极限	2.9±0.9	0.14	×
垂直 X 书写	3.4±0.4	0.51	×
巴宾斯基 – 魏尔二氏	3.2±0.2	0.16	×
视觉反馈姿势描记	2.5±0.4	0.15	×
动态平衡测试系统	4.4±0.9	0.27	×

本次问卷包括研究目的、填写说明和反馈时间；专家的基本情况，包括年龄、学历、职称、工作年限，指标体系及重要性和可操作性。依据文献，动态平衡能

力的测试的初选指标包括“星状偏移平衡测试（star excursion test，SEBT，也称米字型测试”[9]“功能性伸展（functional reach test，FRT,）”[10]“闭目原地踏步测试（closed circles test，CCT）”[11]“闭目10米行走测试（closed 10m walking test,CWT−10）”[12]“踵趾步态测试（tandem gait test,TGT）[13]。“平衡木行走测试（balance beam test，BBT）”“稳定极限测试（limit of stability test，LOST）”“垂直X书写测试（vertical X writing test，VXWT）”“巴宾斯基—魏尔二氏试验（Babinski−Weyl Two’s Test，BWTT）”“视觉反馈姿势描记（visual feedback posturgraphy，VFP）”及动态平衡测试系统（dynamic balance test system，DBTS)。其中，重要性、可操作性、熟悉程度按照李克特5级评分，重要性和可操作性按照5、4、3、2、1赋值，熟悉程度按照1.0、0.8、0.6、0.4、0.3赋值。依据专家对指标的重要性评估、可操作性及权重计算综合得分如表2−1所示。依据文献，指标综合得分≤0.4；专家意见变异系数≥0.25；专家权威程度＜0.7，任何一项不符合则剔除[14]。最终，专家基于“原地到移动”“张目至闭目”“上下肢共同参与”的全面科学衡量视角，选取SEBT、FRT、CWT−10、TGT这4种方法作为测试手段，综合系统地考察对抗类项目专业运动员动态平衡能力，这些手段代表性和独立性高，无需器械、可操作性强，适合大样本测试的便利和优势。

1.2.2 测试内容与方法

（1）星状偏移平衡测试。星状偏移平衡是通过检验受试者在支撑面内重心向外伸展的距离，探究测量其重心偏移的临界值，以此达到评估支撑腿的动态平衡能力与神经肌肉效率，侧重于下肢功能伸展能力。测试步骤如下：测试人员在水平地面上绘制星状图，受试者经过6次练习后，将支撑腿置于星状的中心，非支撑腿按顺时针的方向依次按照8个方向，即正前方、正后方、内侧方、外侧方、外侧后方、内侧后方、外侧前方、内侧前方[15]尽可能地前伸至最大的距离。当出现以下任意一个错误测量重新进行：触地过重；脚停留在地面上；失去平衡或失去控制无法回到初始位置，随意选择开始方向或支撑腿。由于本次测试成绩与受试者的腿长密切相关，因此将平均成绩除以腿长。最终成绩与动态平衡能力正相关。测量结果的计算公式为：每个方向的伸长距离的平均值／腿长。腿长是从髂前上棘到内踝的长度。每个方向测量3次，记录24次有效测试后的标准值。[16]

此法的衍生手段（Y−balance）是我国学者热衷的测试手段。

（2）功能性伸展测试。FRT 是确定受试者在保持躯干稳定时上肢功能性伸展能力，以评估受试者的预期性姿势控制能力。测试步骤：测试前由测试人员将量尺用胶带固定在墙壁上，高度与受试者肩部齐平。受试者侧对墙面站稳后，将双手前平举肩部垂直于墙壁调整指尖位于量尺的零刻度处，测试人员“开始”后，受试者沿着量尺尽可能地向前伸和后伸至最大限度，保持姿势后计量成绩，适度休息后进行第二次测试，取三次测量成绩的平均值作为最终成绩。此后，受试者面对或背对墙壁，左／右手臂分别侧平举将指尖置于量尺的零刻度处，尽量向左／右远处伸展，保持平衡后测量原点与终点的距离，记录三次取平均值，距离与动态平衡能力正相关。最终得到前伸、后伸、左伸、右伸四种伸展方式成绩的平均值，单位为 cm。[17]

（3）闭目 10m 行走测试。前庭神经系统的主要功能是保持身体平衡与动作的协调。当其发生损害、功能异常时，会发生眩晕、平衡与协调功能障碍等一系列症状，行走时步态不稳，向一侧倾倒。本试验通过观察受试者行走时步态、姿势，以判断其前庭神经功能。测试步骤：在平整的地面上标记一条 10 m 的直线，并标记指示 10 m 线的起点和终点 2.5 m 长的垂直线。受试者在闭眼的情况下听到“开始”的口令后从起点正常行走，至终点处立定，测量人员丈量受试者两脚跟的中点与 10 m 直线的垂直距离。该指标是“低优”指标，距离越小动态平衡能力越佳。每人测量三次取平均值，单位为 cm。[18]

（4）踵趾步态测试。TGT 用于综合评估运动员的动态平衡能力，侧重于速度、协调性。测试步骤：在平整的地面上标记出一条 3 m 直线及两条用于指示 3 m 线的起点和终点的 0.25 m 长的垂直线。听到“开始”指令后受试者以脚跟紧贴脚趾，双手置于髋部的方式沿着 3 m 线快速移动，在越过末端垂直线后转身重新回到起点终止本次测试，出现以下现象测试重新开始：脚跟不能紧贴脚趾；失去平衡；无法转身或离开直线。该指标是“低优”指标，速度越快，平衡能力越好。以 4 次计时最短为最终结果，单位为 s。

1.3 数理统计方法

采用 SPSS29.0 统计软件，对各变量进行描述性分析，满足正态分布的计量资料采用（平均值 ± 标准差）表示。分别从性别、训练年限、运动级别、专项对动态平衡能力的影响采用独立样本 T 检验或单因素方差分析法进行分析，差异显著性为 P<0.05。

2 研究结果

2.1 对抗类项目专业运动员动态平衡能力性别、运动级别和训练年限差异

表 2-2 对抗类专业运动员动态平衡能力在性别、运动年限和运动级别的差异

变量	SEBT	FRT/cm	CWT-10/cm	TGT/s
男	1.23±0.2	32.32±5.5	39.91±25.2	9.06±2.1
女	1.20±0.1	29.05±5.4	40.80±19.8	10.42±3.1
T	0.754	2.73	−0.173	−2.492
P	0.453	0.008	0.863	0.014
9 年以下	1.25±0.2	30.61±5.1	42.61±18.96	9.15±2.28
9 年以上	1.19±0.18	31.95±5.1	38.16±27.23	10.00±2.87
T	1.353	−1.111	0.037	−1.589
P	0.179	0.269	0.365	0.116
健将及以上	1.24±0.18	30.04±6.49	37.62±24.01	8.85±2.03
一级	1.22±0.19	31.80±5.13	41.48±22.96	9.87±2.75
T	0.422	−1.431	−0.744	−1.846
P	0.674	0.156	0.459	0.048

表 2-2 显示，对抗类专业男运动员的动态平衡能力四个指标成绩均优于女运动员，其中 SEBT、CWT-10 成绩的性别差异没有统计学意义（P>0.05）；而男性在 FRT（P<0.01）和 TGT（P<0.05）成绩上显著优于女性。本次调研的对抗类专业运动员的平均训练年限为 9 年，为了研究需要将训练年限划分为 9 年及以上和 12 年以下。研究显示对抗类项目专业运动员的 SEBT 成绩、FRT 成绩、CWT-10 成绩、TGT 成绩等所有动态平衡能力指标的运动年限的差异均无统计学意义（P>0.05）。对抗类项目专业运动员健将以上的 SEBT 成绩、TGT 成绩优于一级运动员，一级运动员在 FRT 成绩和 CWT-10 成绩均优于健将及以上对抗类专业运动员。其中 SEBT 成绩、FRT 成绩、CWT-10 成绩在运动级别方面没有统计学意义（P>0.05），在 TGT 成绩的运动级别的差异具有统计学意义（P<0.05）。

2.2 对抗类项目专业运动员动态平衡能力专项差异

表 2-3 揭示：总体上，对抗类专业运动员在 SEBT、FRT、TGT 三个项目测试成绩的项目差异具有统计学意义（P<0.05），CWT-10 成绩专项差异没有统计学有意义（P>0.05）。

具体而言，对抗类项目的不同动态平衡能力差异较大。各项目的专业运动员 SEBT 成绩从高到低依次是：击剑 > 跆拳道 > 柔道 > 篮球 > 乒乓球 > 网球。事后比较获悉，击剑与篮球、网球、乒乓球的运动员之间的 SEBT 的成绩差异具有高度统计学意义（P<0.01）；篮球与柔道的运动员 SEBT 的成绩差异具有统计学意义（P<0.05）；柔道与网球运动员的 SEBT 成绩的差异具有高度统计学意义（P<0.01）；网球与跆拳道运动员的 SEBT 成绩差异具有统计学意义（P<0.05）。

表 2-3　对抗类专业运动员动态平衡能力专项差异

	SEBT	FRT	CWT-10	TGT
击剑	1.38±0.2	35.2±5.3	38.28±4.0	7.96±0.3
篮球	1.16±0.1	31.02±3.2	36.61±2.6	7.84±0.8
柔道	1.28±0.1	28.30±5.7	38.10±1.2	8.07±1.3
网球	1.09±0.2	33.18±4.6	44.85±2.3	12.38±1.30
乒乓球	1.17±0.1	32.75±8.4	52.61±1.9	11.59±0.40
跆拳道	1.28±0.2	32.09±6.5	44.45±1.4	8.58±1.12
F	4.646	2.617	0.800	1.468
P	0.001	0.031	0.553	0.000

FRT 成绩从高到低依次是：击剑 > 网球 > 乒乓球 > 跆拳道 > 篮球 > 柔道。其中，击剑与篮球、柔道运动员的 FRT 成绩的差异具有统计学意义（P<0.05）；柔道与网球、乒乓球运动员的 FRT 成绩具有高度统计学意义（P<0.01）。

CWT-10 成绩从高到低依次是：乒乓球 > 网球 > 跆拳道 > 击剑 > 柔道 > 篮球。值得注意的是，CWT-10 是“低优”指标，指标数值越高前庭功能愈差。事后比较发现，所有对抗类项目间的 CWT-10 成绩差异没有统计学意义（P>0.05）。

TGT 同样是“低优”指标，TGT 数值与平衡功能成反比。TGT 成绩由快到慢依次是：篮球 > 击剑 > 柔道 > 跆拳道 > 乒乓球 > 网球。事后比较获悉：篮球与网球、乒乓球运动员的 TGT 成绩差异，击剑与网球、乒乓球运动员的 TGT 成绩差异，柔道与网球、乒乓球运动员的TGT成绩差异，以及乒乓球与跆拳道运动员的TGT成绩差异全部具有高度统计学意义（P<0.01）。

3 讨论

3.1 性别、训练年限和运动水平与对抗类项目专业运动员动态平衡能力的关系

SEBT应用较广，除了评估不同人群的动态平衡能力，还包括动态稳定性，核心能力，本体感觉，髋、膝、踝关节的联动协调性，神经—肌肉控制能力等运动表现。SEBT还用于发现在运动中是否存在错误的代偿模式加以干预纠正，以降低运动损伤的风险。[19] 有学者探讨了不同性别受试者的性别、足型、身高、活动范围对SEBT结果的影响，研究表明：SEBT的性别差异无显著性[20]。本研究的对抗类项目专业运动员的SEBT成绩经过标准化处理后，同样在性别上没有统计学意义。

男女运动员CWT−10测试成绩无显著差异，这与过去的研究一致。肖春梅发现，老年人的平衡能力无显著的性别差异。[21] 王宁华，殷秀珍，徐本华等人使用重心平衡测定仪对307名正常人的前庭功能测试后发现，“性别与平衡功能无相关性。”[22] 重心平衡测定仪和闭目原地踏步及CWT−10测试目的基本一致，都是作为眩晕、前庭病变、脑部病变辅助诊断和康复功能评定指标。启示：健全人或未经专门训练的人群前庭功能的细微差异可忽略不计。

在对抗类项目运动员中具有性别显著差异的是FRT和TGT。FRT的影响因素有身高、体重、臂长、躯干的长度、肩部围度、臀部围度及足底与地面的接触面积等。[23] 一般而言，男性运动员的身体形态指数大于女性，加之脚掌更宽大地面的吸附能力更强，致使FRT呈现明显的性别差异。

TGT同样呈现显著的性别差异。TGT不仅用于综合评估运动员的动态平衡能力，还有速度、协调性，侧重于评估在快速运动中运动员控制和保持身体平衡的能力。激烈对抗中男运动员往往在身体平衡的控制能力上强于女运动员。因此，在TGT的测试成绩呈现高度的性别差异。运动员具备了良好的速度和协调性，才能使动作做得省力、快速、舒展、流畅、准确、优美，才能完成更快、更难、

更美的运动技能，进而取得更优异的运动成绩。比较而言，ZEBT、FRT 主要体现运动员静态中的上下肢柔韧性和身体稳定性，但 TGT 体现运动员在快速运动中的身体控制水平，TGT 更能体现运动员过人的运动能力。这可能是健将及以上级别运动员的 TGT 成绩明显优于一级的缘故。

CWT−10 主要反映前庭功能，本次选择的对抗类项目鲜有翻腾、旋转的水平面技术动作，对前庭功能没有更高的要求，可能因此差异不明显。

运动年限与平衡能力关系没有统计学意义，这与过去的研究一致。早期研究表明：优秀的体操运动员的年龄、训练年限对平衡能力没有影响。[24] 另外研究表明：精英运动员踝关节的本体感觉高低、平衡能力与训练年限无关。[25][26] 本次受试者是从未经过专门的平衡性训练，或者说运动员平衡能力的重要性从未被教练员认同，导致各类平衡能力缺乏系统地训练，从而训练年限对动态平衡能力影响式微，但这不意味着平衡性训练无益。国内外大量的研究表明，经过系统的平衡训练能显著提高静态平衡和动态平衡能力。航空医学专家指出，对航天员进行主动和被动的前庭功能训练，可以有效预防航空病的发生。教练员可以借鉴航天员的训练方式提高运动员的平衡能力。

3.2 对抗类项目专业运动员动态平衡能力专项特征

对抗类项目专业运动员的动态平衡能力具有高度专项差异的指标有 SEBT、FRT 和 TGT，说明这些指标具有较强的专项鉴别力。

SEBT 的测试成绩呈现出鲜明的专项特征。各项目的专业运动员 SEBT 成绩从高到低依次是：击剑 > 跆拳道 > 柔道 > 篮球 > 乒乓球 > 网球。有所不同的是，FRT 成绩从高到低依次是：击剑 > 网球 > 乒乓球 > 跆拳道 > 篮球 > 柔道。击剑项目运动员在上下肢功能伸展能力占据绝对优势，这与击剑项目的制胜特征密切相关。赵传杰等人年研究概括的击剑项目核心制胜因素的三字方针——“距”“准”“先”。[27] 其中“准”的完成需要身体稳定、控制、平衡、协调作为保证。从选材的视角，击剑项目需要身高臂长，下肢长大腿短，身高臂长在 FRT 的成绩具有先天优势，四肢的长度与其伸展能力密切相关。另外，击剑运动员需具备敏锐的感知觉，感知觉与平衡素质相辅相成。感知觉与肢体的长度对其 SEBT 和 FRT 的成绩有积极效应。

SEBT成绩位居第二、第三的是跆拳道、柔道。跆拳道是在单腿支撑的前提下，快速出腿击打和踢击，同时在单腿支撑时被击打后保持身体平衡。跆拳道主要是利用下肢攻击对方的运动项目，显而易见，下肢越长越能接近对方。跆拳道选材更注重下肢长与身高的比例，同时下肢与髋部的柔韧性能增加下肢攻击的实际远度。身高、下肢长／身高及（下肢—小腿长）／小腿长等指标是跆拳道身体形态选材的主要指标。显然，下肢长度与下肢柔韧性对运动员SEBT的成绩有积极影响，这是跆拳道项目的制胜特征的体现。

柔道项目设计的核心是基于机械原理的人体平衡建立与破坏。拥有强健的动态和静态平衡能力是柔道运动员赛场取得主动的关键。为了克敌制胜，柔道运动员应挑选躯干粗壮，重心低，即下肢与身高的中等比例，躯干呈倒三角形——髂宽／肩宽的中等比例。人的体态与核心稳定性相关性密切，而运动员的SEBT的成绩与核心稳定性紧密相关，因此柔道运动员的SEBT成绩较好。

FRT居于第二、第三的是网球和乒乓球。这两个项目都是隔网对抗项目，身体平衡能力同样是制胜因素，网球和乒乓球比赛的跑动中回接来球，连续步法移动过程中的步法衔接。运动员平衡能力差的直接后果是动作的稳定性和移动速度降低，回球质量严重受挫给对手带来可乘之机。网球和乒乓球的共同之处在于运动员的上肢较长，有利于完成高质量的发球，高压球和网前截击等激烈对抗。依据生物力学原理，上肢长与挥臂线速度正相关，合理碰撞后球速增加，提高击球的效果。网球和乒乓球运动员的上肢略长，FRT主要是测试上肢功能伸展能力，网球和乒乓球运动员上肢长度和重心高度优势能显著提高FRT的成绩。

TGT成绩由快到慢依次是：篮球＞击剑＞柔道＞跆拳道＞乒乓球＞网球。TGT主要是评估运动员速度和协调性等身体平衡的控制能力，受运动员身体质量、惯性及对手的干扰等因素影响。依据生物力学原理，篮球运动员体重高速度快，运动中身体惯性大。篮球比赛在激烈的近身攻防、对抗拼抢中进行的，运动员必须快速地奔跑、摆脱、滑步、跳跃，以及在多变复杂的条件下完成合理的冲撞，准确地投、传、运、突和抢、打、封、断等，高难度的技术动作，篮球运动员身体控制能力要求最高。击剑项目对运动员技术动作要求极高的稳定性、协调性和准确性。运动员的平衡能力和平衡发力是击剑项目的本质特征，击剑项目技术动作过程中用力不均衡，重心不稳定，就会破坏动态平衡，直接影响击剑技术的流畅、命中的准确性。击剑项目体能训练的重点是提高运动员的速度能力，身体平衡控制能力。击剑攻防转换过程一般是向前、向后、前后转换，向前、停顿、向后，以及向后、停顿、向后的直线运动为主，与 TGT 的测试过程的路线基本一致。与击剑运动员比较，篮球运动员的体重和运动惯性较大，篮球运动员的身体控制能力更胜一筹但没有显著差异。

跆拳道和柔道属于格斗对抗类项目，该类项目要求对抗双方有着猛烈而频繁的身体碰撞，按规则的要求以命中对方得分或直接制服对手而获胜。激烈的身体接触必然要求极强的身体平衡能力。但与篮球运动员的快速和惯性，以及击剑运动员的攻防模式和节奏比较，格斗对抗类运动员的身体控制能力稍逊一筹。隔网对抗类项目在比赛中对抗同样较强，但无需身体接触，属于间接对抗。运动员拥有卓越的体能和技能，执行有效的战术安排，充分发挥自身的优势，在比赛中往往能取得优异的成绩。相对篮球、击剑、柔道和跆拳道而言，隔网对抗项目运动员由于无直接身体接触，身体控制能力相对较弱，因此其 TGT 成绩较差。

CWT−10 主要测试运动员的前庭功能，CWT−10 的专项差异不显著主要的原因可能是本次受试者都是前庭功能无病变导致测试成绩的区分度小；还可能是本次对抗类项目专业运动员并未涉及旋转，翻腾等水平面运动，而是以正面、侧面的运动方向为主的运动项目。CWT−10 成绩主要评估运动员在水平面的动作水平，对正面和侧面的运动能力不敏感。另外，本次选择的被试均未参加平衡能力的系统的专门训练，前庭功能相对处于原始状态，平衡能力仅依靠强大的身体素质支撑。

4 研究结论与展望

（1）本研究制定的动态平衡能力测试指标体系，对全面、科学评价运动员及健康人群的动态平衡能力具有参考价值。

（2）SEBT、FRT 和 TGT 具有较强的专项鉴别能力，对篮球、击剑、跆拳道、柔道、乒乓球和网球的动态平衡能力训练具有指导意义。其中，击剑项目在上下肢功能伸展能力，篮球项目在速度和协调性控制方面优势明显，跆拳道、柔道项目在下肢功能伸展能力，网球、乒乓球和上肢功能伸展能力分别具有比较优势，动态平衡能力训练重点应有所区分。

（3）展望：同一项群的竞技能力具有相似性，本次测试结果对其他对抗类项目，如羽毛球、冰球、手球、排球、足球、棒垒球、散打、拳击和摔跤等项目可能具有一定借鉴价值。由于备战、教练员配合度等客观条件和篇幅限制，本研究暂未全部将其纳入研究的范畴，未来将逐步将其他对抗类运动员的动态平衡能力进行测试和比较，以丰富对抗类项目的动态平衡能力研究广度和深度。为了充分体现对抗类项目动态平衡能力的特殊性，未来还将增加非对抗类项目运动员动态平衡能力的测试。

参考文献

[1] 陆阿明．人体动作测量与分析实践指导[M]．苏州：苏州大学出版社，2017．

[2] 孙敬源．单、双侧复合式训练对男子荷球运动员爆发力和动态平衡能力的影响[D]．郑州：郑州大学，2021．

[3] 乔淇淇，吴翊馨，王新，等．高精度经颅直流电刺激对人体动态平衡能力的影响[J]．中国组织工程研究，2022，26（26）：4192−4198．

[4] 苏朕鑫，杨贤罡，何文革．运动人群动态平衡能力测试：YBT的产生及发展[J]．中国运动医学杂志，2021，40（9）：737−744..

[5] 郑尉，宋皓，孙立冰，等．颈椎手法干预对高校短跑运动员部分专项素质和动态平衡能力的影响[J]．北京体育大学学报，2021，44（8）：101−112．

[6] 母应秀，唐桥．青少年中长跑运动员下肢关节活动幅度与动态平衡能力的相关性研究[J]．中国体育科技，2021，57（8）：36−43．

[7] 唐桥，张海忠．综合性项目运动员动态平衡能力与双侧膝关节肌力、下肢爆发力的相关性研究[J]．中国体育科技，2019，55（5）：65−71，80．

[8] 斯科特·兰考斯特，拉杜·特奥多雷斯库．青少年身体素质练习方法[M]．史东林，郭丞，张建，译．北京：人民邮电出版社，2019．

[9] Hertel J，Miller S J,Denegar C R．Intratester and Intertester Reliability during the Star Excursion Balance Tests[J]．Journal of Sport Rehabilitation，2000,9(2):104−116．

[10] Jonsson, Eria, Henriksson, et al. Does the functional reach test reflect stability limits in elderly people?[J]. Journal of Rehabilitation Medicine (Taylor & Francis Ltd), 2003, 35(1):26–26.

[11] 崔婷，张松，郭远兵，等. 核心力量训练对听障学生动态平衡能力的影响 [J]. 中国特殊教育，2022（3）：40–47.

[12] IN T, LEE K, SONG C.Virtual reality reflection therapy improves balance and gait in patients with chronic stroke:randomized controlled trials[J].Med Sci Monit,2016,22:4046–4053.

[13] THOMAS W, KAMINSKI. Normative Tandem Gait in Collegiate Student–Athletes: Implications for Clinical Concussion Assessment[J]. Sports health, 2017, 9(4):305–311.

[14] 应桂英，李恒，段占祺，等. 卫生统计指标筛选方法评价 [J]. 中国卫生事业管理，2012，29（6）：465–467.

[15] HERTEL J, BRAHAM R A,HALE S A,et al.Simplifying the star excursion balance test:Analyses of subjects with and without chronic ankle instability[J].J Orthop Sports Phys Ther,2006,36(3):131–137.

[16] 美国国家体能协会，托德·米勒 . 美国国家体能协会体能测试与评估指南 [M]. 高炳宏，杨涛，译 . 北京：人民邮电出版社，2019.

[17] DUNCAN PW, WEINER DK, CHANDLER J, et al. Functional reach: a new clinical measure of balance[J]. Journal of Gerontol, 1990,45(6):M192–7.

[18] 李宏伟，白定群. 减重步态联合平衡及协调训练对小脑梗死伴共济失调康复疗效的个案观察 [J]. 现代医药卫生 ,2021,37(10):1693–1695.

[19] 陈世益，冯华. 现代骨科运动医学 [M]. 上海：复旦大学出版社，2020.

[20] 屈萍. 核心稳定性力量训练 [M]. 武汉：中国地质大学出版社，2011.

[21] 肖春梅. 老年人平衡能力的性别特征 [J]. 体育科学研究，2001（2）：26–28.

[22] 王宁华，殷秀珍，徐本华，等. 正常人平衡定量评测及相关因素初探 [J]. 中华理疗杂志 ,1995（1）：24–26，62.

[23] FABUNMI A A, GBIRI C A. Relationship between balance performance in the elderly and some anthropometric variables [J]. Afr J Med Med Sci, 2008, 37(4): 321-326.

[24] 优秀运动员心理特征研究课题组. 优秀运动员心理特征研究[A]. 武汉体育学院科研处，1982：168.

[25] HAN J, ANSON J,WADDINGTON G,et al. Sport Attainment and Proprioception[J]. International Journal of Sports Science & Coaching,2014,9(1):159-170.

[26] HAN J, WADDINGTON G,ANSON J,et al. Level of competitive success achieved by elite athletes and multi-joint proprioceptive ability[J].JSciMed Sport,2015,18(1):77-81.

[27] 赵传杰，王杰，王雁，等. 国家击剑队备战2016年里约奥运会关键技术研究与应用[EB/OL]. [2017-05-31][2023-01-16]. https://kns.cnki.net/KCMS/detail/detail.aspx?dbname=SNAD&filename=SNAD000001687714.

第 3 章　短时间大强度运动能力与自我控制耦合模型

学习导语

自我控制是一种心理能量表现形式，是运动员从事极其艰苦的训练、参加极其激烈的竞赛并取得优异成绩的前提条件。目前，国内外在自我控制与运动能力关系方面的相关研究主要有自我控制对运动能力的积极影响和体育运动对自我控制的提升。当前研究主要阐释自我控制和运动能力之间的单向影响或关联关系，关注了碎片化运动能力，如握力、仰卧起坐、柔韧素质等及急性有氧运动能力对自我控制的影响，而以无氧代谢供能为主的短时大强度运动能力研究相对罕见。因此，本研究探索短时间大强度运动能力与自我控制耦合关系，将丰富自我控制和运动训练理论和实践。

先通过问卷法和测试法进行自我控制测量和短时大强度运动能力的测试。将问卷回收和测试数据进行描述性分析、独立样本 T 检验、单样本 T 检验，通过分析比较得出运动训练专业学生的自我控制特征。灰色关联模型适合复杂系统的多因素相互作用分析，所以采用灰色关联分析模型对自我控制和短时间大强度运动能力进行耦合分析。

研究得出：运动训练专业学生自我控制与短时间大强度运动能力之间具有一定联系。运动训练专业学生在冲动控制、节制娱乐的表现突出，国家一级以上的学生在节制娱乐、冲动控制、专注工作学习差异显著。运动训练专业学生的自我控制与短时间大强度运动能力存在中等耦合关系，未来在提高中短跑运动的选材和训练中既不可忽视也不应过分夸大自我控制的效用；改善不同人群的自我控制能力，可考虑不同的运动方式，其中包括短时间最大强度和次大强度运动训练。提升短时间大强度运动能力，自我控制干预应以节制娱乐为主；改善自我控制，应以短时间、次最大强度训练为主。

[摘要]整群抽取 180 名运动训练专业大学生，综合运用问卷法、测试法、数理统计法和灰色关联分析模型对自我控制和短时间大强度运动能力进行耦合分析。研究显示：运动训练专业学生在冲动控制、节制娱乐的表现突出，国家一级及以上与国家二级的学生在节制娱乐、冲动控制、专注工作学习差异显著。运动训练专业学生自我控制所有维度及总分明显优于非体育专业大学生。运动训练专业学生的自我控制与短时间大强度运动能力存在中等耦合关系。节制娱乐与短时间大强度运动能力耦合度最高，短时间、次大强度运动与自我控制耦合度最高。

关键词：自我控制；短时间大强度运动能力；耦合模型。

Coupling model of Short time and high intensity exercise ability and self-control

Fan kaibin[1] (1.School of Sports Training, Nanjing Sport Institute, Nanjing 210046, China)

[Abstract]180 college students majored in sports training were selected in a cluster and the coupling analysis of their self-control and Short time and high intensity exercise ability were carried out by comprehensively using questionnaire, test, mathematical statistics and grey correlation analysis model. The research shows that students majored in sports training have outstanding performance in impulse control and restraint of entertainments. However there are significant differences of student athletes of first and second level or above of national standard in above two aspects and focus on work and study. All dimensions and total scores of self-control of students majored in sports training are significantly better than those of college students. There is a moderate coupling relationship between self-control and short-term exercise ability of sports training students. The coupling degree of abstinence entertainment and short-term exercise ability is the highest, and the coupling degree of short-term, sub high-intensity exercise and self-control is the highest.

Key words: self-control; Short time and high intensity exercise ability; Coupling model.

自我控制是一种心理能量表现形式，是个体有意识控制冲动行为、抵制满足直接需要和愿望的能力，目的是执行能带来长期利益的目标指向的行为。[1] 自我控制强，肯钻研、意志顽强、具有强而稳定的工作能力，是任何一个获得成就的科学家、艺术家、运动员所必备的条件。自我控制是运动员从事极其艰苦的训练、参加极其激烈的竞赛并取得优异成绩的前提条件。[2-6] 良好的自我控制对所有人群的健康和幸福至关重要，减肥、健康饮食、不拖延、改变坏习惯等不良行为都要自我控制才能达到目标。寻求理想的干预方式提高不同人群的自我控制成为研究的热点。

心理能量和生理能量之间相互作用、相互影响、相互转化。不同项目的能量代谢过程和比例不同，短跑运动中的能量主要依靠无氧代谢中的非乳酸供能，中跑项目中运动员的无氧工作能力，即糖酵解供能力是决定专项成绩的重要因素。生理能量供应的差异直接导致运动员自我控制的结构和功能存在本质区别。

目前，国内外在自我控制与运动能力关系方面的相关研究主要有：一是自我控制对运动能力的积极影响。研究显示：在少年儿童时期，自我控制有助于提升肺活量的提升和形成良好的体育锻炼习惯。[7] 成年后，自我控制可增进力量和身体机能。[8] 自我控制与年轻男性的肌肉力量和有氧耐力显著正相关，与 BMI 存在显著负相关。[9] 女性戒毒人员的自我控制与握力、仰卧起坐和坐位体前屈显著正相关。[10] 自我控制还与运动员的知觉动作、起跑反应时密切相关。[11] 二是体育运动对自我控制的提升。研究发现：定期的体育锻炼能够增强自我控制。[12-13] 中等强度有氧运动对自我控制的促进效应最大，急性有氧运动的强度与认知自我控制呈倒 U 型关系。[14] 抑制控制是自我控制的核心内容之一，急性有氧运动对所有受试者都有提升抑制控制的积极效应，执行急性有氧运动任务后，受试者进入自我控制能量恢复阶段。空手道训练能够稳定有效地提高个体的认知和行为自我控制。[15] 执行“握力测试任务和 APP 监控干预”的运动监控计划可有效提高自我控制。[16]

已有的研究为后续研究奠定了坚实的基础，极大地丰富了相关的理论和实践。但是值得注意的是，当前研究主要阐释自我控制和运动能力之间的单向影响或关联关系。而自我控制与运动能力是一个相互作用、相互影响的系统。从系统角度出发考察自我控制和运动能力发展耦合度，反映二者的双向及动态关系的研究略显单薄。

不同运动类型与自我控制的相互作用不同。运动强度是划分运动类型的重要依据。有学者将运动类型分为短时间大强度运动、短时间次最大强度运动、长时间中等强度运动和静力性运动四种。[17] 已有的研究关注了碎片化运动能力如握力、仰卧起坐、柔韧素质及急性有氧运动能力等对自我控制的影响，而以无氧代谢供能为主的短时大强度运动能力研究相对罕见。人体一切运动的能量供应过程都是由有氧代谢和无氧代谢过程以不同比例组成，两者相互联系、相互促进和相互依赖。本章探索短时间大强度运动能力与自我控制耦合关系，将丰富自我控制和运动训练理论和实践。

1 研究对象与方法

1.1 研究对象

短时大强度运动能力与自我控制耦合模型。

1.2 研究方法

1.2.1 测试法

以某省体育学院的现役运动训练专业学生为测试对象，总计 180 人。其中，男队员 123 人，女队员 57 人；平均训练年限 10.3±1.1 年；国家健将运动员 12 人和国家一级运动员 49 人，国家二级运动员 119 人。独生子女 99 人，非独生子女 81 人；城市户籍 108 人，农村户籍 72 人；来自单亲家庭 20 人，双亲家庭 160 人。运动项目有：橄榄球 12 人、高尔夫 8 人、篮球 14 人、足球 14 人、排球 13 人、田径 30 人、游泳 14 人、乒乓球 15 人、羽毛球 10 人、网球 6 人、击剑 20 人、柔道 14 人、跆拳道 10 人。测试内容如下。

1.2.1.1 自我控制测量

本研究采用谭树华和郭永玉编译的特质自我控制量表，共 19 题。用 Likert 5 级评分，测量个体的自我控制水平。问卷分值范围为 19 分～95 分，分值越高代表自我控制越高。自我控制包含五个维度：冲动控制（X_1）、健康习惯（X_2）、抵御诱惑（X_3）、专注工作学习（X_4）、节制娱乐（X_5）。该量表在相关研究中使用率较高[18]，信效度良好，本研究中的 Cronbach α 系数为 0.776。本调查发放问卷共 195 份，回收 195 份；剔除无效问卷 15 份，有效回收 180 份，有效回收率约为 92%。

1.2.1.2 短时大强度运动能力测试

依据权威文献，短时间大强度运动分为短时间、最大强度和短时间、次最大强度。征询专家和反复实验后，确定短时间、最大强度运动能力（以下简称短跑成绩）的测试指标男子为 100 m（Y_1），女子为 60 m（Y_2）；短时间、次最大强度运动能力（以下简称中跑成绩）测试指标男子为 1000 m（Y_3），女子为 800 m（Y_4）。上述测试指标是某省体育学院体能考核沿袭多年的指标。对上述 195 名运动训练专业学生进行测试，以上问卷和测试由具备丰富经验的专业人员完成。基于计算的需要，将 15 份无效问卷填写者的体能测试数据剔除。测试前同学们身心健康，未进行大负荷的运动训练。

1.2.2 统计处理

1.2.2.1 数理统计法

将问卷回收和测试数据进行描述性分析、独立样本 T 检验、单样本 T 检验，通过分析比较得出运动训练专业学生的自我控制特征。

（2）灰色关联模型

自我控制和运动能力的影响因素具有多层次、多功能、多目标的特点，是相互联系和相互制约的，信息不完全明确的复杂系统，简单的线性分析很难对系统间的相互作用进行全面的阐述，灰色关联模型适合复杂系统的多因素相互作用分析，具体步骤为[19]：

第一步：求各序列的初值像（或均值像）。令

$$X_i' = X_i / x_i(1) = (x_i'(1), x_i'(2), \cdots, x_i'(n)$$
$$i = 0,1,2,\cdots,m$$

第二步：求差序列。记

$$\Delta_i(k)=|x_0'(k)-x_i'(k)|\ ,\ \Delta_i=(\Delta_i(1),\Delta_i(2),\cdots,\Delta_i(n))$$
$$i=1,2,\cdots,m$$

第三步：求两极最大差与最小差。记

$$M=\max_i\max_k\Delta_i(k)\ ,\ m=\min_i\min_k\Delta_i(k)$$

第四步：求关联系数

$$\gamma_{0i}(k)=\frac{m+\xi M}{\Delta_i(k)+\xi M},\xi\in(0,1)$$
$$k=1,2,\cdots,n\ ;\ i=1,2,\cdots,m$$

第五步：计算关联度

$$\gamma_{0i}=\frac{1}{n}\sum_{k=1}^{n}\gamma_{0i}(k)\ ;i=1,2,\cdots,m$$

依据相关文献确定[20]：$0<\gamma_{0i}\leqslant 1$，γ_{0i}值越大，说明关联性越大，具有越强的耦合作用。当$0<\gamma_{0i}\leqslant 0.3$时表明为低度耦合；$0.3<\gamma_{0i}\leqslant 0.5$表明具有中等耦合；$0.5<\gamma_{0i}\leqslant 0.8$表明高度耦合；$0.8<\gamma_{0i}\leqslant 1$表明极度耦合。以上数据均采用 EXCEL 最新版进行计算。

2 研究结果

2.1 运动训练专业学生的自我控制结构及其训练学特征

表 3-1 揭示，运动训练专业学生自我控制的平均值为 69.09±11.61，题目均分为 3.64。若自我控制量表条目均分大于 3 分，表明自我控制能力处于中等偏上水平；条目均分低于 3 分，则处于中等偏下水平。[21] 据此可知，运动训练专业学生的自我控制及各个维度均处于中等偏上水平。运动训练专业学生的五个维度得分从大到小依次是：冲动控制＞节制娱乐＞专注工作学习＞健康习惯＞抵制诱惑。说明，运动训练专业学生在冲动控制和节制娱乐方面有较好的控制能力，在抵制诱惑、健康习惯表现较差，专注工作学习方面处在中等水平。

表 3–1　运动训练专业学生的自我控制描述性分析结果

	抵制诱惑	健康习惯	节制娱乐	冲动控制	专注工作学习	自我控制总分
MAX	20	18	18	36	15	95
MIN	6	3	3	10	5	35
均值	14.02	10.59	10.84	22.79	10.84	69.09
标准差	2.80	2.68	2.81	4.55	2.37	11.61
每题	3.51	3.53	3.61	3.80	3.60	3.64
大学生	12.08	9.46	10.26	20.02	9.16	60.98
T 值	10.140***	6.115***	3.007***	8.884***	10.291***	10.172***
男	14.09±2.82	10.69±2.67	10.67±2.79	22.95±4.46	10.87±2.37	51.35±7.93
女	13.88±2.79	10.37±2.74	11.28±2.85	22.38±4.79	10.75±2.41	50.00±8.01
T 值	0.485	0.747	−1.441	0.822	0.329	0.331
一级以上	13.79±2.56	11.31±2.56	10.85±2.60	23.85±3.97	11.54±1.97	71.35±2.35
二级	14.15±2.82	10.33±2.64	10.79±2.84	22.40±4.57	10.62±2.46	68.30±2.07
T 值	−0.795	2.286*	0.134	1.991*	2.380**	1.615
个人	14.16±2.86	10.53±2.74	10.95±2.88	22.56±4.68	11.00±2.38	69.20±1.97
集体	13.88±2.76	10.66±2.64	10.71±2.74	23.07±4.41	10.64±2.36	68.96±1.28
T 值	0.743	−0.361	0.610	−0.816	1.104	0.149

注：* 表示 $P<0.05$，** 表示 $P<0.01$，*** 表示 $P<0.001$。

以性别分组，对运动训练专业学生的自我控制进行独立样本 T 检验分析，结果显示：男学生的自我控制总分稍高于女学生，但差异不显著。男学生在冲动控制、健康习惯、专注工作学习和抵制诱惑方面高于女生，而女生节制娱乐方面得分高于男性，以上所有差异均不显著。以项目分组，独立样本 T 检验结果显示，个人项目在抵制诱惑、节制娱乐、专注工作学习及总分方面得分高于集体项目，集体项目在健康习惯和冲动控制方面得分高于个人项目，所有维度的得分均无显著差异。以运动级别分组，国家一级及以上学生在健康习惯、节制娱乐、冲动控制、专注工作学习、和自我控制总分方面得分高于国家二级，其中在节制娱乐、冲动控制、专注工作学习三个方面得分呈显著差异。二级运动员学生在抵制诱惑高于国家健将及以上学生，但无显著差异。

我们以是否独生子女和城乡分组，独生子女和农村出生的学生的自我控制略高于非独生子女和城市运动员，但均无显著差异。

为了区分大学生与运动训练专业学生自我控制的差异，我们以石晓妮 2019 年的研究结果中普通大学生的自我控制及其不同维度得分为参照进行单样本 T 检验。[22] 检验结果显示，普通大学生与运动训练专业学生在自我控制及其所有维度的得分均呈显著差异，即运动训练专业学生自我控制及各个维度明显强于普通大学生。

2.2 运动训练专业学生自我控制与短时间大强度运动能力耦合模型

表 3–2　运动训练专业学生的自我控制与短时间大强度运动能力耦合模型

关联矩阵	短跑	中跑	平均关联度
抵制诱惑	0.331	0.363	0.347
健康习惯	0.339	0.340	0.340
节制娱乐	0.349	0.394	0.371
冲动控制	0.345	0.380	0.363
专注工作学习	0.315	0.349	0.332
平均关联度	0.336	0.365	0.351

本次测试男子 100 m 成绩平均为 13.19±0.86 s，女子 60 m 成绩平均为 9.59±0.61 s；男子 1000 m 成绩平均为 3.43±0.23 m/s，女子 800 m 平均成绩为 3.30±0.38 m/s。

表 3–2 揭示，经计算得出运动训练专业的自我控制与短时间大强度运动能力属于中等耦合，达 0.351。进一步观察发现，本次所有的维度两两之间的耦合度在 0.315～0.394 区间。说明，所有中、短跑成绩与自我控制所有维度的耦合度处在中等程度。

2.3 运动训练专业学生自我控制与短时间大强度运动能力的耦合度

表 3–2 第二列显示，运动训练专业学生的自我控制与短跑成绩的耦合度从大到小依次是：节制娱乐＞冲动控制＞健康习惯＞抵制诱惑＞专注工作学习。表 3–2 第三列显示：运动训练专业学生的自我控制与中跑成绩的耦合度从大到小依次是：节制娱乐＞冲动控制＞抵制诱惑＞专注工作学习＞健康习惯。表 3–2 第四列显示，短时间大强度运动能力与自我控制的平均耦合度从大到小依次是：节制娱乐＞冲动控制＞抵制诱惑＞健康习惯＞专注工作学习。综上可知，中短

跑即短时间大强度运动能力都是与节制娱乐的耦合度最高，说明两者相互作用最强。

表 3–2 第六行显示，运动训练专业学生的中跑成绩与自我控制的关联度是 0.365，而短跑与自我控制的关联度为 0.336，中跑与自我控制的耦合度高于短跑，意即中跑与自我控制的相互作用更大。表 2 第三行揭示，运动训练专业学生的节制娱乐与中跑能力耦合度最高，达 0.394。说明，合理控制其娱乐活动，有利于短时间大强度运动能力的提高；反之，提高短时间大强度运动能力，运动训练专业学生娱乐活动将会减少。表 3–2 第二列揭示，运动训练专业学生的短跑能力与专注工作学习的耦合度最低，达 0.315。说明，该群体的专注工作学习与短跑成绩相互作用最小。

3 讨论

3.1 运动训练专业学生的自我控制结构及其人口特征分析

性别差异。男性自我控制高与其社会责任感和身体素质较强有关。我国男女平等的现象普遍，但“男主外、女主内”传统观念的尚存国人内心，男人更理性和具有责任感，因此男学生的自我控制更强。钱学森人体理论核心观点是人体是一个整体，身心不可分离。自我控制属于意识范畴，其心理能量来源于生理系统，男性的身体素质强于女性，心理能量来源充沛。基于以上，运动训练专业大学生的自我控制男性强于女性。

项目差异。个人项目更强调独善其身，控制欲望、节制娱乐，需要高度专注和自制，才能达到成功的彼岸。其个人能力决定训练效果和比赛成绩，即使在中长跑项目中的战术安排上，个人能力也是制胜的首要因素。集体项目则不然，集体项目是团队作战，单打独斗是难以取得理想成绩的，个人行为习惯和肆意妄为将直接影响集体行动的绩效，因此他们的习惯和个性受到他人的牵制。他们的自我控制更易受到环境的影响。

运动级别差异。体现在以下几个方面：一是节制娱乐方面。运动训练专业绝大部分学生一般都有体校的训练经历，体校的生活制度相对单一和严格，娱乐和消遣不仅影响训练后的恢复，还消磨意志品质，除了重大的节假日，体校一般不举办集体娱乐活动，更不允许单独外出和昼夜颠倒的生活作息，成绩优秀的学生往往是队中的灵魂，更加注重健康习惯和娱乐节制，遵守规章制度和刻苦训练，以创造优异的运动成绩。

二是冲动控制方面。在长期的运动训练生涯里，运动训练能调节大脑皮质的兴奋和抑制中枢，兴奋和抑制趋于平衡，增强了神经系统的灵活性和适应性，运动级别高的学生心理更稳定，意志更坚定。

三是专注工作学习方面。专注是取得优异成绩的必要条件。瑞典心理学家安德斯·埃里克森的“一万小时定律”表明，“任何人想要完全掌握一门技能、成为一个领域的专家，必须专注于这一领域、勤加练习，锤炼一万小时”。威斯康星大学的运动心理学家威廉·摩根博士说：“集中注意力的能力是区别一名优秀的运动员和一名伟大的运动员的唯一标准。因为注意力集中是精英跑者的特质。”摩根认为，精英跑者之所以能取得成功是因为他们完全专注于自己的身体状况，随时关注着来自神经末梢的所有信息。[23]

运动训练专业与普通大学生的差异。运动训练专业学生在自我控制方面具有优势，第一，与强大的体能有关。经过长期的运动训练，运动训练专业学生具有强大的体能，无论是先天遗传还是后天训练，卓越的体能是运动训练专业学生与普通大学生的本质区别。自我控制是一种心理能量，心理能量与生理能量紧密相关。强大的体能是其自我控制强大的基础和源泉。

第二，与“延时满足能力”的训练有关。人类与动物的共同点在本能，身体本能具有即时性，例如，人体饥饿时进食愿望强烈，疲倦时渴望得到休息，危险时寻求庇护，等等。而人类文明和进步的标志在于等待和自制，即延时满足。斯坦福大学的心理学家瓦特·米迦尔 14 年追踪研究结果显示：20 分钟后吃软糖——自我控制强的孩子在成材率远高于那些缺乏等待的孩子。与普通大学生比较，运动训练专业学生的自我控制较强与延时满足有关。取得良好的运动成绩，必须经过长期系统地科学训练才能达到目的。训练伊始运动成绩进步稍快，训练后期进步越慢，越加考验人的耐性。在每一次的运动训练中，身体将对抗外界的阻力，克服心肺惰性，忍受乳酸堆积带来的极度痛苦，还有因动作失误带来的沮丧，队友的误解，意志薄弱的学生随时都想放弃。凡此种种无一不在锤炼人的自我控制力。

第三，比赛的历练。绝大部分运动训练专业学生有运动竞赛的经历。运动场没有常胜将军。比赛成败的瞬间，他们更能切身体会到人间冷暖，无时无刻地不考验着内心。所有这一切，都在锤炼他们性格，养成其坚强意志力和杰出的自我控制。有人称“体育是最好的教育”不无道理。古今中外，许多各行业的精英人士都热爱体育运动，这在很大程度上促成他们事业的辉煌。

第四，消极情绪少。各种情绪的起伏和波动直接影响个体的自我控制。消极情绪会降低智商和情商水平，引起反应和行动迟缓、精神崩溃、意识范围变窄、判断力下降，最终自我控制瓦解。相对于普通高校大学生，运动训练专业学生长期参加运动训练，疲劳、愤怒、紧张、疑惑、焦虑、抑郁等消极情绪较少，积极情绪较多。高度的自我控制者，消极情绪较少，积极情绪是自我控制能力的体现。积极情绪还能阻滞自我控制资源的损耗，促进自我控制力的修复。因此，运动训练专业学生的自我控制较强。

其他方面的差异。独生子女没有兄弟姊妹的制约，与个人项目运动员类似，自我控制高。而城市运动员自我控制低，与城市生活丰富多彩，新生事物和诱惑较多有关。而农村运动员相对家庭收入低，生活环境单纯，导致自我控制不受影响相对较高。随着城乡差别的缩小，所导致的自我控制城乡界限趋于模糊。

3.2 运动训练专业学生自我控制与短时间大强度运动能力的耦合分析

总体上，运动训练专业学生自我控制与短时间大强度运动能力之间具有一定联系。经过系统训练，随着自我控制的提升，短时间大强度运动能力将有一定改善。同时，提高短时间大强度运动能力，能在一定程度上改善其自我控制。值得注意的是，他们之间的耦合度处在中等程度。因此，只能将自我控制作为中短跑选材和训练依据之一，但绝非重点，不能本末倒置，努力提高该项目选材和训练科学性，依旧是未来短时间大强度运动能力的关键。

节制娱乐与短时间大强度运动能力耦合度最高。自我控制分为抵制诱惑、健康习惯、节制娱乐、冲动控制、专注工作学习。比较而言，节制娱乐与短时间大强度运动能力耦合度较高。可能的原因有：一是娱乐瓦解斗志。“玩人玩德、玩物丧志”，意即轻易侮辱别人，会损害自己的德行；沉迷于玩乐的事物，会丧失进取的志向。追求享乐、逃避痛苦是人的本性。但“富有远见的蚂蚁比及时享乐的蚱蜢在冬天过得更好。”自我控制是要限制享受即刻的快乐，放弃从食物、乙醇、药物、赌博、性行为、寻找刺激、花钱、睡懒觉、熬夜等活动中得到快乐。适当放松有利于恢复，但提高短时间大强度运动能力是一项极为艰苦、紧张和缓慢过程，运动员必须放弃更多的节假日，牺牲普通大学生娱乐的时间，才能达到超量恢复的训练目的。

田径运动训练手段相对较为单调，枯燥，它要求大脑皮层能承受较长时间的、反复单一的均衡刺激。运动员不仅要有顽强的毅力，勇于向上，不畏困难，还要有较好的自我控制能力和应变能力，才能达到身心修炼的“冰山”现象。

二是娱乐生活消耗体力。人的体力和精力是有限的。每一次娱乐活动会大量损耗运动员的体力。长期昼夜颠倒、生活散漫在训练中重则失去生命，轻则训练效果欠佳。娱乐还存在滞后效应。运动训练是枯燥和艰苦的，娱乐活动是轻松愉快，人的本能导致运动员贪恋轻松有趣的娱乐活动，进而不愿意参加运动训练，意志薄弱的还可能退出体坛。运动员为了取得优异的运动成绩，通常是过着数十年的“训练场—食堂—宿舍”三点一线式的生活。因此，节制娱乐与短时间大强度运动能力耦合度最大。

中跑成绩与自我控制的耦合度最高。与短跑比较，中跑成绩与自我控制耦合度较高，究其原因可能是：第一，多巴胺的分泌增多。低水平的多巴胺与动机不足、冲动、注意力缺陷障碍有密切关系。1000 m/800 m 是较为剧烈的运动，激烈的体育运动刺激大脑产生多巴胺。因此，中跑能力与自我控制耦合度最高。

第二，中跑需要高度的专注力。短跑运动员选材要求神经类型为活泼型、节奏感强、精力充沛、性格开朗等。中跑的训练比较艰苦，需要运动员长期承受单一反复的刺激，要求神经类型为安静型，具备不屈不挠、不怕痛苦、坚忍不拔的意志品质，其实质是中跑时必须全神贯注，抛开一切杂念，不受外界影响而专注于运动动作本身。依据自我控制的有限资源理论，专注能节省大量的自我控制资源。或者说，大脑发出指令收回可能浪费的自我控制资源，从而增强了运动员的自我控制能力。

第三，中跑本身就是一种自我控制训练。从发令枪响之后，每一位运动员迫不及待地要达到终点，这是人的本能，符合弗洛伊德提出了“现实原则”和“享乐原则”。而自我控制是“个体为了获得有价值但延迟的结果需要等待多长时间。”

从发令到终点，即便是 800 m 世界纪录保持者肯尼亚名将大卫・鲁迪沙尚需 1 分 40 秒 91。中跑训练和比赛符合 Mischel 提出“快意延迟”概念。所以，中跑训练和比赛本身是一种自我控制训练的途径。

4 结论与建议

运动训练专业学生的自我控制与短时间大强度运动能力存在中等耦合关系。节制娱乐与短时间大强度运动能力耦合度最高，中跑成绩与自我控制耦合度最高。

运动训练专业学生在冲动和娱乐的自我控制较强。国家一级及以上的学生在节制娱乐、冲动控制、专注工作学习优势明显。运动训练专业学生自我控制所有维度及总分明显优于普通高校大学生。

自我控制和短时间大强度运动能力具有中等相互影响、相互作用的耦合关系，未来在提高中短跑运动的选材和训练中既不可忽视，也不应过分夸大自我控制的效用；改善不同人群的自我控制能力，可考虑不同的运动方式，其中包括短时间最大强度和次大强度运动训练。

提升短时间大强度运动能力，自我控制干预应以节制娱乐为主；改善自我控制，应以短时间、次最大强度训练为主。

参考文献

[1] 李琼，黄希庭．自我控制：内涵及其机制与展望 [J]．西南大学学报：社会科学版，2012，38（2）：12.

[2] 张力为．运动员的自我控制：重要理论及研究进展 [J]．心理科学，2013，36（3）：9.

[3] WOLFF W，BERTRAMS A，ScHÜLER J. Trait Self-Control Discriminates Between Youth Football Players Selected and Not Selected for the German Talent Program：A Bayesian Analysis[J]. Frontiers in Psychology，2019，10:2203.

[4] ENGLERT C，DZIUBA A，WOLFF W，et al. An investigation of the effects of self-reported self-control strength on shooting

performance[J]. Psychology of Sport and Exercise, 2021, 52:101839.

[5] TEDESQUI RAFAEL A B,YOUNG BRADLEY W. Associations Between Self-Control, Practice, and Skill Level in Sport Expertise Development.[J]. Research quarterly for exercise and sport,2017,88(1):108-113.

[6] BOAT R,COOPER S B. Self-Control and Exercise: A Review of the Bi-Directional Relationship[J]. Brain Plasticity, 2019, 5(6):1-9.

[7] GALE C R, BATTY G D, DEARY I J. Locus of control at age 10 years and health outcomes and behaviors at age 30 years: the 1970 british cohort study. Psychosomatic Medicine, 2008,70(4),397-403.

[8] ROZANSKI A, BLUMENTHAL J A, DAVIDSON K W, et al. The epidemiology, pathophysiology, and management of psychosocial risk factors in cardiac practice: the emerging field of behavioral cardiology[J]. Journal of the American College of Cardiology,2005, 45(5), 637-651.

[9] KINNUNEN M I , SUIHKO J, HANKONEN N, et al. Self-Control is Associated with Physical Activity and Fitness among Young Males [J]. Behavioral Medicine, 2012, 38(3):83-89.

[10] 于小童. 正念干预提高女性戒毒人员的身体功能：自我控制的中介作用[D]. 济南：山东师范大学，2019.

[11] 项明强. 急性有氧运动对自我控制的影响及其脑机制[D]. 北京：北京体育大学，2018.

[12] OATEN M,CHENG, K.Improvements in self-control from financial Monitoring[J]Journal of Economic Psychology,2007,28: 487-501.

[13] OATEN M ,CHENG K. Longitudinal gains in self-regulation from regular physical exercise [J]. British Journal of Health Psychology, 2011, 11(4):717-733.

[14] 王莹莹，周成林. 急性有氧运动的强度与抑制能力的剂量关系——来自ERP的证据[J]. 体育科学，2014，34（11），42-49.

[15] 闻嘉宁，李杰，杨子鹏，等．空手道训练对大学生自我控制能力的影响：来自行为和脑电的证据 [J]．应用心理学，2020，26（3）：240−249．

[16] 张烨，张力为．运动监控提升自我控制能力的效应研究 [J]．沈阳体育学院学报，2017，36（2）：79−84．

[17] 王瑞元，苏全生．运动生理学 [M]．北京：人民体育出版社，2016．

[18] 谭树华，郭永玉．大学生自我控制量表的修订 [J]．中国临床心理学杂志，2008，16（5），468−470．

[19] 刘思峰．灰色系统理论及其应用 [M]．北京：科学出版社，2019．

[20] 谷国锋，王雪辉．东北地区经济发展与生态环境耦合关系时空分析 [J]．东北师大学报（哲学社会科学版），2018（4）：154−160．

[21] 刘永丽．某校护理学专业本科生时间管理倾向及自我控制对学业拖延的影响 [D]．长春：长春中医药大学，2019．

[22] 石晓妮．大学生自我控制和网购成瘾的关系及干预研究 [D]．石家庄：河北师范大学．2020．

[23] 霍尔・希格登．马拉松终极训练指南 [M]．杭州：浙江人民出版社，2015．

第 4 章　甘孜州藏族初中生体质健康的结构与优化

学习导语

近五年的文献研究发现，汉族城乡地区的不同人群体质结构研究较为丰富，藏族与汉族居民、不同学段的学生的体质健康比较研究初具规模，而藏族农村地区的学生体质结构的针对性研究相对匮乏。初中阶段是人体生长发育的快速期，是身心发展的关键期，其体质结构必然与其他年龄不同。因此，本章对藏族农村地区初中生的体质健康结构进行研究，为该类人群的体质健康促进和学校体育教育提供指导。

本研究的全部数据来源于四川生甘孜藏族自治州的乡城县中学 2017—2021 年初一、初二、初三学生的上报教育部的体质健康调研数据。运用 IBM　SPSS 软件进行数据的分类、汇总及统计分析。正态分布的数据计量方式以平均数 ± 标准差（M±SD）表示，采用单因素方差分析法考察年级（自变量）对学生体质健康（因变量）影响，使用因子分析法对甘孜州藏族初中生的体质健康结构分析，使用线性回归法判断不同因子对体质健康总分的影响程度。

分析得出，甘孜州初中男女生在身高、体重、肺活量三个指标方面逐渐升高，且两两比较差异具有统计学意义（$P < 0.01$）；初二男生的整体身体素质和初二女生的 50 m 下降明显。影响初中男生体质健康的主要因素从大到小依次排序是：“核心力量因子”＞“形态因子”＞“躯干重量因子”＞“竞速因子”；影响初中女生体质健康的主要因素从大到小依次排序是：“形态机能因子”＞“躯干屈伸因子”＞“快速运动因子”。甘孜州藏族初中学生的身体素质亟待改善，以初二年级为重点。

[摘要]目的：揭示藏族农村地区初中生的体质健康结构，并提出优化路径。方法 以方便抽样的形式抽取甘孜州乡城县中学近五年的体质健康测试数据，运用单因素方差分析、因子分析和线性回归法进行统计分析。结果：甘孜州初中男女生在身高、体重、肺活量三个指标方面逐渐升高，且两两比较差异具有统计学意义（P ＜ 0.01）；初二男生的整体身体素质和初二女生的 50 m 下降明显。影响初中男生体质健康的主要因素从大到小依次排序是："核心力量因子" ＞ "形态因子" ＞ "躯干重量因子" ＞ "竞速因子"；影响初中女生体质健康的主要因素从大到小依次排序是："形态机能因子" ＞ "躯干屈伸因子" ＞ "快速运动因子"。结论：甘孜州藏族初中学生的身体素质亟待改善，以初二年级为重点。

关键词：藏族；初中生；体质健康；结构

The Structure and Optimization of Tibetan Junior Middle School Students' Physical fitness in Ganzi Prefecture

（1.Sports Training College of Nanjing Institute of physical education, Nanjing 210046, Jiangsu；2.Sports Service Center of Education and Sports Bureau of Xiangcheng County, Ganzi Tibetan Autonomous Prefecture 626000, Sichuan)

[Abstract] Objective：The thesis is to reveal the physical fitness structure of junior middle school students in Tibetan rural areas, and propose the optimization path. Methods：The physical fitness test data of Xiangcheng Middle School in Ganzi Prefecture in the past five years were collected in the form of convenient sampling, and were statistically analyzed by one-way ANOVA, factor analysis and linear regression. Results The height, weight and vital capacity of boys and girls in Ganzi Prefecture are gradually increaseing, and the difference is statistically significant (P<0.01). The overall physical fitness of boys in Grade Two and girls decreased significantly. The main factors that affect the physical fitness of junior high school boys in descending order are：core strength factor>shape factor>trunk weight factor>racing factor. The main factors affecting the physical fitness of junior high school girls are, in order of size, morphological and functional factors > trunk flexion and extension factors > rapid exercise factors. Conclusion The physical quality of Tibetan junior middle school students in Ganzi Prefecture needs to be improved, especially in the second grade of junior high school.

Key words: Tibetan; junior school student; Physical fitness; structure

结构功能理论认为：结构分析是认识事物根本方法，科学地认识人体的体质特征，离不开对体质结构的深入分析。结构与功能高度关联，体质组成部分的不同组合和不同联结将产生相生相克、相互转化的作用，从而使人的体质在整体上具有性质不同，大小不一的功能。不同民族的生活习惯、文化传统、地域环境不同，导致不同民族的人们体质差异较大。目前，对两个民族的体质成为热点，此类研究极大地丰富了体质理论和实践。然而，个别指标的比较，并不意味着不同民族、不同人群体质的孰优孰劣。体质是一个结构系统，不同的人群或同一人群在不同时期，体质结构千差万别。这说明特定人群的体质结构应有专门的系统研究。近五年的文献研究发现，汉族城乡地区的不同人群体质结构研究较为丰富[1-3]，藏族与汉族居民[4-6]、不同学段的学生[7-13]的体质健康比较研究初具规模，而藏族农村地区的学生体质结构的针对性研究相对匮乏。初中阶段是人体生长发育的快速期，是身心发展的关键期，其体质结构必然与其他年龄不同。因此，本章对藏族农村地区初中生的体质健康结构进行研究，为该类人群的体质健康促进和学校体育教育提供指导。

1 资料来源与方法

1.1 资料来源

本研究的全部数据来源于四川省甘孜藏族自治州的乡城县中学 2017—2021 年初一、初二、初三学生上报教育部的体质健康调研数据。该地区的膳食、地理、气候、风俗等在甘孜州具有较强的代表性。本次调研数据总计 9341 人，男生 4732 人，女生 4609 人。初一年级男生 1563 人，初二男生 1575 人，初三男生 1594 人；初一女生 1482 人，初二女生 1534 人，初三女生 1593 人。

1.2 内容与方法

本研究严格依据《国家学生体质健康标准（2014 年修订）》，由多年教学和测试经验一线教师进行检测。测试的内容有：身高（cm）、体重（kg）、肺活量（ml）、50 m（s）、立定跳远（cm）、坐位体前屈（X_6/cm）、1000 m（男 /s）/800 m（女 /s）、引体向上（男 / 个）/ 仰卧起坐（女 / 个）。

1.3 统计分析

运用 IBM　SPSS 软件进行数据的分类、汇总及统计分析。正态分布的数据计量方式以平均数 ± 标准差（M±SD）表示，采用单因素方差分析法考察年级（自变量）对学生体质健康（因变量）影响，使用因子分析法对甘孜州藏族初中生的体质健康结构分析，使用线性回归法判断不同因子对体质健康总分的影响程度。检验水准（α）为 0.05。

2 结果与讨论

2.1 甘孜藏族不同年级、不同性别体质健康的单因素方差分析结果

初中阶段的学生身心发展迅速，体质呈现较大区别。因此，有必要探索不同年级的不同性别学生体质健康的差异。经过单因素方差分析得出以下结果如表 4-1 所示。

表 4–1　甘孜藏族初中阶段体质健康单因素方差分析结果

指标	性别	初一	初二	初三	F	P
身高 /cm	男	160.8±7.9	164.6±7.8	168.74±7.2	418.2	0.000
	女	157.1±6.4	159.1±6.1	160.4±5.6	132.5	0.000
体重 /kg	男	49.3±9.7	52.2±8.2	57.4±8.2	324.3	0.000
	女	47.6±7.4	50.8±7.5	52.7±7.2	191.7	0.000
肺活量 /ml	男	2970.2±694.7	3124.8±651.0	3590.7±586.4	396.5	0.000
	女	2350.7±652.9	2675.3±539.2	2761.3±567.4	206.1	0.000
50 m/s	男	9.0±1.6	9.2±1.9	8.7±1.2	51.7	0.000
	女	9.5±1.4	9.7±1.8	9.2±1.8	28.6	0.000

续表

指标	性别	初一	初二	初三	F	P
立定跳远 /cm	男	187.4±15.4	203.7±20.4	213.9±17.2	884.3	0.000
	女	171.4±11.9	174.9±12.2	180.0±11.9	200.8	0.000
坐位体前屈 / X6/cm	男	17.3±8.3	16.5±7.6	18.7±8.7	30.3	0.000
	女	17.1±9.2	17.9±7.8	20.5±8.6	86.5	0.000
1000 m/s 800 m/s	男	263.7±29.0	254.8±22.1	257.3±23.1	53.4	0.000
	女	247.8±25.0	247.8±24.1	240.5±24.8	45.8	0.000
引体向上 / 个 仰卧起坐 / 个	男	14±4	13±3	17±8	215.5	0.000
	女	29±7	32±6	31±5	82.5	0.000
总分	男	82.7±6.6	79.8±6.5	79.9±5.8	10.6	0.000
	女	79.0±6.7	78.7±6.5	79.8±7.6	10.7	0.000

表 4-1 揭示，乡城县的初中男生在身高、体重、肺活量三个指标方面逐渐升高，且两两比较差异具有统计学意义（P<0.01）。然而，在身体素质和体质总分的变化上却并非如此。三个年级中，初一的体质总分最高，初二的男生在 50m、坐位体前屈、引体向上和体质总分较低，至初三体质总分开始略微上升。由于甘孜州的初中男生的身体形态和身体机能持续上升，可以认为，初一至初三男生的运动素质在下降，从而导致体质总分下降。初三稍有进步的原因可能是中考在即，同学们开始重视体质健康，但并未取得根本性的转变，初二男生的运动素质下降过多导致。

与男生一样，甘孜州初中女生的身高体重和肺活量持续增长。然而，甘孜州出生的身体素质变化并无规律。甘孜州初中女生的 50m 的成绩由高到低依次是：初三＞初一＞初二；立定跳远、坐位体前屈由高到低依次是：初三＞初二＞初一。但是 800 m 的成绩出现初一、初二未有明显变化，初三上升的现象。仰卧起坐的成绩由高到低依次是：初二＞初三＞初一。体质总分由高到低依次是：初三＞初一＞初二。综合男女生的体质总分及其指标比较结果，初二的男女生体质健康值得高度关注，男生应该整体改善身体素质，女生主要是 50 m。甘孜初中女生随年龄增长而增长，可能的原因是女生相对自律，服从性好，能自觉参加体育锻炼，从而实现体质健康稳步提升。

初一、初二男生的引体向上的成绩比较差异没有统计学意义（P=0.272>0.05），初二与初三男生体质总分差异没有统计学意义（P=0.863>0.05）。同样，初一、初二女生的 800 m 成绩差异没有统计学意义（P=0.979>0.05），初一、初二的体质总分差异没有统计学意义显著差异（P=0.203>0.05）。其他指标两两比较均具有统计学意义（P<0.01）。

2.2 甘孜藏族初中学生体质健康的因子分析结果

通过因子分析法揭示甘孜藏族初中学生体质健康的内部结构，明晰影响其体质健康的主要因素及其相互关系，为体质健康干预的指明方向。

2.2.1 因子分析的适宜性检验

因子分析的前提条件包括数据的正态性和适用性，本研究的数据呈正态分布，适用性检验主要通过 KMO 统计量和 Bartlett 的检验。KMO 统计量是用于检验变量间相关性的一个指标，取值介于 0～1，越接近 1，提示变量间的相关性越强，进行因子分析的效果也越好。实际分析中，KMO 统计量 >0.5，即提示适合进行因子分析，本研究检测对象的 KMO 统计量男女分别为 0.599 和 0.577，基本达到要求。

Bartlett 球形检验，又称对称性检验，通过检验相关系数矩阵是否为单位矩阵（identity matrix），来判断各变量间的相关程度。相应地，本研究的 Bartlett 球形检验结果都为 0.000，符合因子分析的前提条件。

2.2.2 因子命名和解释

依据特征根大于 1 的条件下，在男女学生中分别提取了 4、3 个因子，此时的方差累积贡献率分别为 72.1%、78.3%，说明本文提取的因子数量基本涵盖了原有指标的大部分信息，它们是影响甘孜州初中生体质健康的主要因素。

采用选择“最大方差法”进行因子旋转，得到旋转成分矩阵。选取因子载荷 > 0.5 的指标，并据此进行公共因子的命名和解释。

表 4–3 揭示：甘孜州初中男生的第一个公因子由身高和体重组成，学生体质测试中身高和体重是身体形态的测试内容，可称为“形态因子”，计算得出第一个公因子的贡献率为 26.3%。

表 4–2　甘孜州初中生体质健康因子分析 KMO 和 Bartlett 的检验结果

KMO 和 Bartlett 的检验		男	女
取样足够度的 Kaiser–Meyer–Olkin 度量		0.599	0.577
Bartlett 的球形度检验	近似卡方	5061.231	2648.488
	df	28	28
	Sig.	0.000	0.000

表 4–3　方差最大正交旋转后得因子载荷矩阵表

男子	公因子				女子	公因子		
	1	2	3	4		1	2	3
体重	0.888	0.102	0.021	0.045	身高	0.805	−0.090	−0.002
身高	0.848	0.218	0.002	−0.023	体重	0.762	−0.117	0.168
肺活量	0.149	0.779	0.018	−0.127	肺活量	0.539	0.205	−0.011
立定跳远	0.195	0.751	−0.019	0.007	仰卧起坐	0.075	0.744	−0.185
引体向上	0.096	−0.003	0.843	−0.053	坐位体前屈	−0.050	0.628	0.225
坐位体前屈	−0.074	0.006	0.840	0.083	立定跳远	0.011	−0.029−	0.585
1000 m	0.041	−0.176	0.023	0.890	50 m	0.002	0.166	−0.831
50 m	0.038	−0.571	−0.014	−0.598	800 m	0.168	0.340	0.707

注：提取方法为主成分分析法、旋转法（具有 Kaiser 标准化的正交旋转法）。其中，男子旋转在 5 次迭代后收敛；女子旋转在 4 次迭代后收敛。

男生的第二个公因子由肺活量和立定跳远组成，贡献率为 17.8%。肺活量是指在深吸气后，做一次最大的呼气所能呼出的气量，在一定意义上，反映了呼吸机能的潜在能力，同时也可以反映人体生长发育的水平。肺活量检测数值偏低，说明人体携氧能力和排除废物的能力差，人的供氧会不足，导致影响身体健康。肺活量主要取决于胸廓壁的扩张与收缩的弹性程度。如果胸廓弹性非常好、身体健壮、呼吸肌能力高，会使呼吸深度加大、加深，能够提高和改善呼吸肌的效率和机能，这时检查肺活量也会有提高。增强肺活量可做深呼吸，腹式呼吸训练。通过腹式呼吸的训练可以使膈肌升降的幅度增加，肺活量自然就会升高。膈肌是主要的呼吸肌，胸肋部还有很多辅助呼吸肌肉。

立定跳远是测量人体下肢爆发力和弹跳力的项目，毋庸置疑爆发力的大小直接决定着立定跳远的成绩。可是不容忽视的是，人体是一个整体，仅凭下肢爆发力是难以取得突破，协调性同样是制约立定跳远的重大因素。身体核心部位是人体力量产生、传递的关键部位。核心力量的大小对立定跳远成绩具有直接和间接的作用。而核心部位肌群包括膈肌及其相关的辅助肌肉。核心力量是影响立定跳远和肺活量的共同因素，因此将第二公因子成为“核心力量因子”。

男生第三个公因子由引体向上和坐位体前屈组成，贡献率为 14.9%。引体向上是测量上肢力量和背部力量为主的运动项目，同时还能反映身体的相对力量，人体尤其是躯干部位的重量对引体向上的成绩有巨大的制约作用。坐位体前屈测试目的是测量在静止状态下的躯干、腰、髋等关节可能达到的活动幅度，主要反映这些部位的关节、韧带和肌肉的伸展性和弹性及身体柔韧素质的发展水平。两者看似侧重点不同，躯干的重量是连接两者能力的纽带，躯干重量越大，引体向上难度越大。同时，躯干重量与脂肪体积密切关联。脂肪体积过多势必影响躯干部位的柔韧性。因此，第三个公因子可命名为“躯干重量因子”。

男生第四个公因子由 1000 m 和 50 m 组成，贡献率为 13.1%。这两个指标的距离不同，反映的运动能力有很大不同，1000 m 主要测试学生的有氧耐力，50 m 则是检验速度能力。但无论距离长短，他们都是以在跑道上通过计时成绩高低决定能力优劣，因此可以命名为“竞速因子”。

女生的第一个公因子是由身高、体重和肺活量组成，特征非常明显，可称之为“形态机能因子”，贡献率为 33.9%。

女生的第二个公因子是由仰卧起坐、坐位体前屈组成，贡献率为 27.8%。仰卧起坐主要取决于腹部力量，促进身体躯干弯曲，带动上体与下肢连贯运动。坐位体前屈是躯干部位伸展能力的体现。仰卧起坐和坐位体前屈两者可综合为身体躯干部位的屈伸能力，因此可将女子第二公因子命名为“躯干屈伸因子”。

女生的第三个公因子由立定跳远、800 m 和 50 m 组成，贡献率为 16.6%。立定跳远反映下肢爆发力和身体的协调能力，动作周期短。800 m 和 50 m 虽然距离不一，本质特征都是竞速运动。立定跳远、800 m 及 50 m 同属快速运动能力，因此可将女子第三公因子命名为“快速运动因子”。

2.3 甘孜藏族初中学生体质健康影响因素回归分析结果

为了进一步探索各主要因子与体质健康总分的关系及其重要程度，本研究采取 Enter 策略，分别将甘孜州男女初中生体质健康的公共因子的得分与体质健康总分进行线性回归分析。最终所有因素全部通过显著性检验，共线性诊断表明均不存在共线性，回归方程的显著性检验的概率P小于0.01，表明自变量与因变量的线性关系显著，回归分析结果理想。

表4–4揭示，依据标准化系数数值，甘孜州初中男生体质健康的影响因素程度从大到小依次是：因子2> 因子1> 因子4> 因子3。据此，改善甘孜州初中男生的体质健康，首先，应该提升第二公因子——核心力量的能力，加强核心力量的训练，改善呼吸肌、下肢爆发力及整体协调性，能有效地提升初中男生体质健康。其次，改善身体形态。由于该地区经济社会发展滞后，膳食营养结构不良，影响了甘孜州初中男生的生长发育水平。因此要加大力度对藏族地区的青少年营养干预和支援，提升其营养水平，促进青少年生长发育。

初中女生的体质健康的影响因素程度从大到小是：因子3> 因子2> 因子1。因此，改善甘孜州藏族初中女生主要从的第二、第三个公因子着手，即全面提升其身体素质，如立定跳远、800 m、50 m、坐位体前屈和仰卧起坐，速度、力量、协调、耐力综合干预，鼓励女生多参加户外运动，积极参加体育锻炼。

表4–4　方差最大正交旋转后的因子载荷矩阵表

性别	模型	非标准化系数		标准系数	t	Sig.
		B	标准误差	试用版		
男子	（常量）	80.838	0.069		1170.783	0.000
	因子1	−1.114	0.069	−0.172	−16.135	0.000
	因子2	4.16	0.069	0.643	60.248	0.000
	因子3	0.596	0.069	0.092	8.628	0.000
	因子4	0.669	0.069	0.103	9.693	0.000
女子	（常量）	79.194	0.067		1190.750	0.000
	因子1	0.472	0.067	0.068	7.104	0.000
	因子2	2.213	0.067	0.318	33.266	0.000
	因子3	4.776	0.067	0.687	71.804	0.000

参考文献

[1] 毛振明，叶玲，丁天翠，等．“三精准”视域下新时代学校体育大面积大幅度提升学生体质干预策略研究[J]．天津体育学院学报，2022，37（2）：125–130．

[2] 陈洪波，于少勇，白光斌，等．2006—2016 年西安电子科技大学大一学生体质健康变化趋势的横断历史研究 [J]．体育学刊，2019，26（4）：116−122．

[3] 汪志胜，刘承宜，魏源．全国学生体质与健康的拓扑再分析 [J]．体育学刊，2018，25（4）：73−78．

[4] 李咏兰，宇克莉，张兴华，等．藏族的体质类型和人种学特征 [J]．人类学学报，2022，41（4）：698−711．

[5] 次仁卓玛．高原世居藏族人群心肺耐力和体质指数相关性研究 [D]．西藏大学，2021．

[6] 次仁卓玛，张浩天，玉珍，等．西藏四个不同海拔地区世居藏族居民体质指数现况分析 [J]．高原科学研究，2021，5（1）：76−81．

[7] 任鹏博．西北地区回族、藏族、维吾尔族大学生体质健康比较研究 [J]．西北民族大学学报（自然科学版），2018，39（4）：33−38．

[8] 康誉昌．世居高原藏族学龄前儿童生活方式对体质健康的影响研究 [D]．兰州：西北师范大学，2021．

[9] 程泓先．2015−2020 年青海贵南县藏族小学生体质健康成绩变化趋势及应对策略研究 [D]．扬州：扬州大学，2022．

[10] 侯颖，史兵，曹乐意．西藏民族大学藏、汉族学生体质对比研究 [J]．西藏民族大学学报（哲学社会科学版），2019，40（2）：132−136，152．

[11] 金禹．甘南卓尼县藏族初中学生体质健康状况及影响因素分析 [D]．兰州：西北师范大学，2021．

[12] 郭慧芳，陶光华，耿献伟．西藏地区藏族和汉族乡村大学生体质健康状况比较 [J]．中国学校卫生，2020，41（5）：786−788．

[13] 苏旸．西南民族大学藏族、汉族学生体质状况对比分析与致因研究 [D]．成都：成都体育学院，2017．

第 5 章　贫富差距对竞技体育影响效应及作用路径分析

学习导语

贫富差距问题是全世界普遍的问题，但中国的贫富差距水平高于世界平均水平，贫富差距问题正在深刻地影响我国经济社会发展。经济社会与竞技体育紧密相关，贫富差距影响经济社会发展，贫富差距必然影响竞技体育。因此，研究贫富差距对竞技体育的影响作用与路径是一项适逢其时、极有价值的工作。本研究在理论分析贫富差距对竞技体育影响的效应的基础上，深入探索我国贫富差距影响竞技体育的传导机制，为我国竞技体育与经济社会协同发展提供参考和借鉴。

常规的统计方法不适于时间序列数据。因此，本研究选择 PLS-SEM 作为分析工具，基于经济增长、社会稳定及人口规模中介因素，考察贫富差距对竞技体育影响，构建了 5 个潜变量、10 个观测变量的贫富差距对竞技体育的影响路径的 PLS-SEM。运用 Smart　PLS3.0 软件，对已有假设模型进行计算得到相关传导系数和显著性检验结果。

基于模型运行结果，可以得到以下结论：经过多年的发展，我国的贫富差距通过经济增长、社会稳定对竞技体育具有较强的负效应。其中，社会稳定对竞技体育破坏力最大，而人口规模的预期效应不足。依据上述结论，结合竞技体育实际，本研究提出以下政策建议：首先，缩小贫富差距促进竞技体育发展；其次，维护社会稳定提升竞技体育水平；最后，增加居民人均可支配收入有效发展竞技体育。

[摘要]基于贫富差距通过经济增长、社会稳定、人口规模的中介因素对竞技体育影响的理论解释，构建了以经济增长、社会稳定、人口规模 5 个潜变量，10 个观测变量的 PLS-SEM 模型，以我国 2003—2020 年的相关年度数据，运用 Smart PLS3.0 对我国贫富差距对竞技体育的影响效应和路径进行了实证研究。研究得出：我国贫富差距主要通过经济增长、社会稳定这两个中介因素对竞技体育产生负向的影响效应，社会稳定的破坏力较大，人口规模作用不明显。据此提出相应政策建议。

关键词：贫富差距；经济增长；社会稳定；人口规模；竞技体育

The Analysis of the Impact Effect and Path of the wealth gap on Competitive Sports

[Abstract] Based on the theoretical explanation of the intermediary factors of The wealth gap on economic growth, social stability and population size on competitive sports, a PLS-SEM model with 5 latent variables and 10 observation variables of economic growth, social stability and population size is constructed, which is based on the relevant annual data of China from 2003 to 2020 by using Smart PlS3.0. The research shows that the wealth gap in China has a negative impact on competitive sports.Social stability has the greatest destructive power, but the population size is not obvious. Accordingly, Corresponding policy suggestions are put forward.

Key words: The wealth gap; Economic growth; Social stability; Population size; competitive sports

我国社会的主要矛盾是人民日益增长的美好生活需要和不平衡不充分的发展之间的矛盾，这充分体现了中国特色社会主义阶段进入新时代呈现的新特征、面临的新挑战。从当前我国经济社会形势的发展看，人民群众面临的不平衡不充分体现在城乡之间、地区之间、行业之间和社会阶层之间的差距逐渐拉大，其实质问题就是贫富差距问题。[1] 贫富差距问题是全世界普遍的问题，但中国的贫富差距水平高于世界平均水平，贫富差距问题正在深刻地影响我国经济社会发展。

我国《“十四五”体育发展规划》明确指出：“我国竞技体育成绩斐然。但竞技体育体制机制与经济社会发展不相适应等问题依然存在。”可见，我国竞技体育与经济社会协同发展是当前的一项紧迫问题。经济社会与竞技体育紧密相关，贫富差距影响经济社会发展，贫富差距必然影响竞技体育。以往的研究主要是通过单一渠道，如经济、社会、人口问题对竞技体育的影响，忽视对贫富差距的源头问题深入探讨。由贫富差距引起的多种经济社会复杂变化，交错对竞技体育的影响效应的定量研究并不多见，这为本研究提供了可能和学术空间。因此，研究贫富差距对竞技体育的影响作用与路径是一项适逢其时、极有价值的工作。本研究试图在理论分析贫富差距对竞技体育影响的效应的基础上，深入探索我国贫富差距影响竞技体育的传导机制，为我国竞技体育与经济社会协同发展提供参考和借鉴。

1 贫富差距影响竞技体育的理论解释

文献研究表明：贫富差距主要通过影响经济增长、社会稳定和人口规模对竞技体育产生不同程度的影响。

1.1 贫富差距通过影响经济增长限制竞技体育发展

贫富差距影响经济增长。改革开放以来，“我国的贫富差距与经济增长呈现出的 U 型关系，即适度的贫富差距促进经济增长，过大的贫富差距，阻滞阻碍经济增长。”[2] 不同性质的贫富差距对经济影响不同，“静态的贫富差距与经济增长之间没有显著的相关性；动态的贫富差距对经济增长的影响起初是瞬间内为正，之后始终保持一定水平的负相关。”[3] 贫富差距导致劳动力质量下降阻碍经济增长。[4] 一方面，贫困的家庭一般从事传统产业的体力劳动，随着年龄的增长，体力逐渐下降，他们难以持续高强度劳动，劳动生产率受到限制；另一方面，由于缺乏知识和技能，他们同样无法胜任技术含量高的、更复杂的、收入更高的劳动，久而久之形成阶层固化——穷者更穷，富者更富。贫富差距通过缩减消费人群影响经济增长。消费是拉动经济增长的“三驾马车”之一。富人主要的消费在奢侈品方面，他们大部分消费需求已经得到满足，消费欲望降低。他们大部分收入更多地用于储蓄和投资，而绝大多数中产阶级的家庭支出在住房方面。由于贫富差距加大，这部分用于住房消费的中产阶级人数逐渐在缩小。低收入人群尽管消费的倾向较高，但他们没有能力消费。总体上，贫富差距限制了商品的消费能力，影响了经济发展。

经济是竞技体育发展的基础。雄厚的经济实力为竞技体育的发展奠定了坚实的基础，运动员的训练、比赛和科研投入需要大量的人力物力财力支持。在一些国际重大赛事中，一些前期投入高、成才周期长的项目，如赛车、帆船、高尔夫、网球等项目中国运动员异军突起，取得不俗的成绩。[5] 在经济危机和萧条时，许多重大的比赛无法举办，运动员的成绩得不到认可而严重挫伤了运动员训练的积极性。举例来说，2008 年美国的“次贷危机”引发的金融风暴，美国 NBA、橄榄球赛和欧洲职业足球联赛，高尔夫球巡回赛、F1 赛车等重大赛事终止；2010 年温哥华冬奥会由于缺乏资金致使奥运村的建设受限；法国放弃举办 2009 年的法国汽车大奖赛。

区域经济差异导致竞技体育非均衡发展。研究表明：“我国竞技体育呈现东高西低的发展态势，经济优势不仅惠及本省，还能拉动邻省的竞技体育水平，呈现出空间集聚的态势。”[6-7] 地方 GDP 和地方人均 GDP 与全运会各省市的奖牌总数之间分别存在正向的线性关系和倒 U 型的曲线关系。[8] 地区生产总值对地区竞技体育实力有显著影响。但是，“我国各个省市的竞技体育与经济发展之间存在不同程度的非均衡状况，其中，上海等省市的竞技体育与经济发展非均衡程度较轻。”[9]

1.2 贫富差距产生社会动荡阻碍竞技体育发展

贫富差距影响社会稳定。恩格斯指出：“蔑视社会秩序最明显最极端的表现就是犯罪。”[10] 犯罪的原因较复杂，现代犯罪学指出：“一个社会只是贫穷或富裕均不产生犯罪，但一个社会贫富差别悬殊就会产生大量犯罪”，尤其是财产犯罪乃是“贫富悬殊的自然结果。”正如亚里士多德所言：“内讧是阶层诉求异化的产物，是由要求‘平等’的愿望这一根苗生长起来的。社会动乱常常以‘不平等’为发难的原因。”相对剥离感滋生犯罪。美国社会学家斯托弗（Stouffer）提出著名的

“相对剥夺感”（relative deprivation）理论认为：随着财富公平问题的凸显，贫富差距不断扩大，贫穷人口会有日益强烈的被剥削感，缺乏合作精神，各个社会群体和成员之间相互敌视、对立。随着经济的不断发展，部分经济水平较差的人群经济状况并没有得到改善，于是他们对改革和社会制度产生怀疑和不满，进而引发社会动荡。富人想巩固自己的财产和收入，富人对穷人的戒备心加强；同时，穷人无法通过自身的努力改变境况，激起他们对富人的无限仇视。这种松散得近乎瓦解的社会结构，最终束缚整个社会的发展甚至引发战争。纵观我国历史历朝历代的更迭，基本是贫富悬殊导致农民起义或变法运动。导致贫富分化有客观因素如城乡二元结构、地理和资源分布优劣、分配制度等，也有主观因素如勤奋和努力。小部分人通过非正常手段致富加剧了贫富差距带来的怨恨和不满，以及无论如何努力都无法成功带来的绝望，这些都是社会稳定的隐患。

1.3 贫富差距改变人口规模影响竞技体育

贫富差距导致大规模的人口迁徙从而影响人口规模。埃弗雷特·李（Everet Lee）提出的“推力一拉力”思想，将人口迁移的制约因素分为四类：迁入地的各种经济、政治、文化的优势；迁出地的环境、经济、政治等劣势；迁入地和迁出地的各种阻碍因素；个人主观和客观的各种因素。美国经济学家舒尔茨（Schuhs）提出人力资本理论（human capital theory），认为个人的迁移更多是个人在人力资本上的投资，是为了提高自己的经济条件和生活条件才进行的。[11]因此，实践证明，人口迁移更多是一种经济因素支配的，人们为了改善生活条件的自由选择。人口迁移不仅能获得更高的工资收入，也能获得更好的生活条件。[12]由于就业的需要和收入差距的悬殊，我国人口流动频繁，形成了世界独有的“外来务工人员”群体。近三年的《中华人民共和国国民经济和社会发展统计公报》显示：“截至 2018 年底，全国人户分离的人口 2.86 亿人，其中流动人口 2.41 亿人。全国农民工总量 28836 万人，比上年增长 0.6%。其中，外出农民工 17266 万人，增长 0.5%；本地农民工 11570 万人，增长 0.9%；截至 2019 年底，全国人户分离的人口 2.80 亿人，其中流动人口 2.36 亿人。全国农民工总量 29077 万人，比上年增长 0.8%。其中，外出农民工 17425 万人，增长 0.9%；本地农民工 11652 万人，增长 0.7%；截至 2021 年年末，全国人户分离的人口 5.04 亿人，其中流动人口高达 3.85 亿人。全国农民工总量 29251 万人，比上年增长 2.4%。其中，外出农民工 17172 万人，增长 1.3%；本地农民工 12079 万人，增长 4.1%。”

人口规模限制选材范围。一定的人口基数是运动员选材的基本条件，人口数量过少不利于运动员的选拔，更不利于天才运动员的涌现。人口规模影响大赛成绩。人口规模与奥运会成绩呈显著正相关，人口数量每增加 1%，奥运会奖牌增加 0.11%。[13–14] 人口规模与经济实力对亚运会成绩同样有积极的影响。[15] 人口规模影响竞技体育战略制定。例如，上海市的青少年人口萎缩，所以需要改变竞技体育后备人才的培养方式。由“政府办转变为以学校为主，政府和社会协同的培养方式”；健全“体教融合”治理体系；提高选材成功率和教练员水平。上海 5～19 岁常住人口中女性人口的占比相对偏低，并呈整体下降态势。因此，需要重视女性竞技体育的可持续发展。[16]

2 定量分析

2.1 研究工具与假设

对现有的文献梳理，结合本研究实际，本研究选用 PLS–SEM 作为定量研究工具，PLS–SEM 的特性在于它并不严格限定数据的分布，也无论样本多么小，抑或理论依据不充分、无法确保模型的正确细节，其预测准确度也相当惊人。[17] 经验表明，常规的统计方法不适于时间序列数据。因此，本研究选择 PLS–SEM 作为分析工具。经过理论梳理，本研究将经济增长、社会稳定、人口规模作为中介变量，提出贫富差距对竞技体育影响作用的路径分析的 3 个研究假设，并绘制了如图 5–1 所示，并形成以下研究假设：

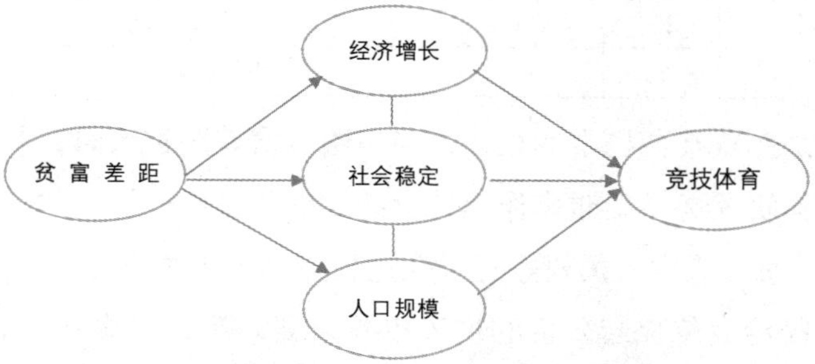

图 5–1　贫富差距对竞技体育影响作用的路径图

H_1：贫富差距能够通过经济增长对竞技体育产生负向影响；

H_2：贫富差距能够通过社会稳定对竞技体育产生负向影响；

H_3：贫富差距能够通过人口规模对竞技体育产生负向影响。

2.2 指标体系构建及其解释

在借鉴已有权威文献的基础上，遵循科学性和可获得性原则，本研究构建了我国贫富差距对竞技体育的影响的路径分析的指标体系（如表 5–1 所示）。

衡量贫富差距的指标有基尼系数和泰尔指数、人均 GDP 差异。一般而言，地区间居民贫富差距的度量常常使用人均 GDP 和基尼系数；某区域内部居民贫富差距的度量则使用基尼系数和泰尔指数。总之，无论是地区间或区域内，基尼系数都是必选项。因此，本研究选择基尼系数作为我国贫富差距的衡量指标。

由于经济增长的衡量指标较多，因此本研究选择人均 GDP 和人均可支配收入。人均 GDP 能够直接反映一个国家和社会的经济社会发展水平；人均可支配收入指居民可以自由支配的那部分收入，反映了居民财富收入水平。[18]

表 5–1　贫富差距对竞技体育影响路径分析指标体系

潜变量	观测变量	
贫富差距 A	A_1	基尼系数
经济增长 B	B_1	人均 GDP
	B_2	人均可支配收入
社会稳定 D	D_1	批捕率
	D_2	公诉率
人口规模 C	C_1	年末总人口
	C_2	人口密度
竞技体育 E	E_1	世界冠军项目数
	E_2	世界冠军人数
	E_3	世界冠军个数

贫富差距是影响社会稳定的根源，当一国贫富差距扩大时，与之伴随的是犯罪率的激增，本研究选择犯罪率作为社会稳定的衡量指标。具体而言，本研究选用犯罪率，即“每万人中人民检察院批准逮捕的刑事犯罪嫌疑人数（简称批捕率）和每万人中人民检察院提起公诉的刑事犯罪嫌疑人数（简称公诉率）”[19] 作为反向代理变量，犯罪率越高社会稳定越差，反之亦然。

人口规模衡量指标为人口数量和人口密度。[20] 人口数量即年末总人口，是指人口的量的规定性，是以数量表示人口的存在和变化程度。人口密度是指单位土地面积上的人口数量。人口密度高的地区的人口数量红利和人口质量红利均优于人口稀疏的地区。

本研究选取世界冠军作为竞技体育的测度指标。竞技体育的内涵之一为“以体育竞赛为基本特征”，紧扣竞技体育的基本特征——体育竞赛，选择测度指标必须是高水平运动竞赛。竞技体育的内涵还有“创造优异的运动成绩和取得比赛优胜为主要目标”。世界冠军是最优异的运动成绩。另外，在我国公开发行的统计年鉴中，年度世界冠军是比较系统的数据。综合以上两点，本研究选择代表世界大赛最高水平的世界冠军作为测度我国家竞技体育的变量。

基于数据的可获得性和可比性，本研究选择 2003—2020 年的年度数据，表 5−1 的观测变量相关数据全部来自《中国统计年鉴》。

3 模型测量结果与评价

本研究基于经济增长、社会稳定及人口规模中介因素，考察贫富差距对竞技体育影响，构建了 5 个潜变量、10 个观测变量的贫富差距对竞技体育的影响路径的 PLS−SEM，如图 5−1 所示。运用 Smart PLS3.0 软件，对已有假设模型进行计算得到相关传导系数和显著性检验结果。研究结果如表 5−2 所示：在贫富差距对竞技体育影响路径的 3 个原始假设中，H_1、H_2 均通过验证，但 H_3 未通过显著性检验，即在本研究中，经济增长、社会稳定这 2 个中介变量在贫富差距对竞技体育影响路径的研究中发挥了中介作用，而贫富差距通过人口规模对竞技体育产生的影响甚微，可以忽略。因此，本研究将人口规模删除。

表 5−2　第一次传导路径系数及显著性检验结果

研究假设	路径	路径系数	T 值	P	结论
H_1	贫富差距→经济增长→竞技体育	−0.122	2.377	0.001	接受
H_2	贫富差距→社会稳定→竞技体育	−0.278	5.442	0.013	接受
H_3	贫富差距→人口规模→竞技体育	−0.054	1.327	0.104	拒绝

删除人口规模后，剩下经济增长和社会稳定 2 个中介变量，对调整后的

模型进行运算分析，得到的特定间接路径系数估计结果，以及显著性检验结果见表 5–3 所示：原始假设 H_1、H_2 均通过了显著性检验，贫富差距通过经济增长、社会稳定 2 个中介潜变量影响竞技体育的特定间接路径系数分别为 –0.107、–0.257。所有观测变量的因子载荷和各条路径系数及其显著性检验结果如图 5–2 所示。图 5–2 显示，本模型的观测变量的因子载荷均在 0.7 以上，符合要求并通过了显著性检验。说明：本研究的 2 个潜变量能较好地预测 8 个观察变量。

表 5–3 第二次传导路径系数及显著性检验结果

研究假设	路径	路径系数	T 值	P	结论
H_1	贫富差距→经济增长→竞技体育	–0.107	2.433	0.013	接受
H_2	贫富差距→社会稳定→竞技体育	–0.257	6.105	0.000	接受

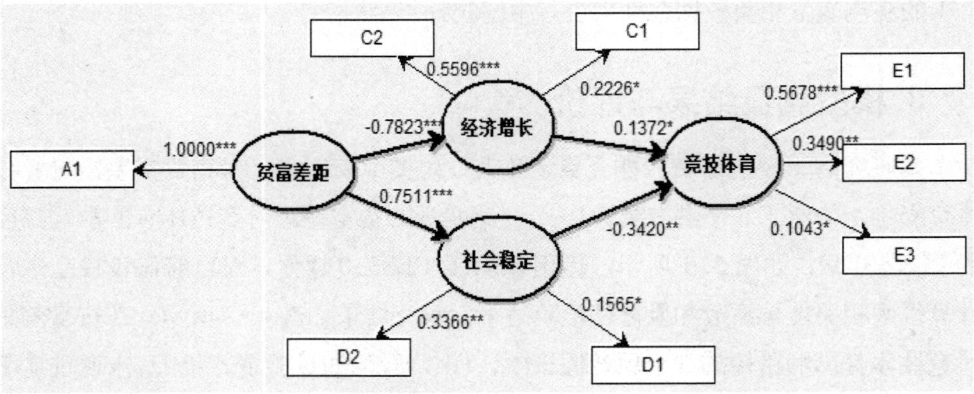

图 5–2 贫富差距对竞技体育影响路径图（$^{*}P<0.05$，$^{**}P<0.01$，$^{***}P<0.001$。）

任何一项测量都需要进行信度、效度检验。本次信度检验分为内部一致性检验和组合检验，两者的值分别大于 0.7，表明信度较好。计算表明，基尼系数、经济增长、社会稳定、竞技体育的 Cronbach's α 系数分别为 0.725、0.841、0.835、0.903；上述潜变量的组合信度值分别为 0.883、0.890、0.709、0.921。本研究体现效度的指标是平均方差提取值计算表明，上述潜变量的平均方差提取值分别为 0.623、0.590、0.826、0.778，高于理论上 0.5 的临界值，说明测量结果与内容高度契合。综上可知，本研究构建的 PLS–SEM 模型具有良好的信效度。本模型的解释力和整体拟合优度采用 Gof（Goodness of fit）指数，通过公式计算得出 Gof 值为 0.533，高于 Wetzels 提出的良好适配度的标准 0.36。因此，本模型具有较高的适配度。

4 结论与政策建议

基于模型运行结果（如表 5–4 所示），可以得到以下结论。

表 5–4　我国贫富差距对竞技体育影响的效应程度

中介变量	传导路径	直接效应	总效应	贡献度
经济增长	贫富差距→经济增长	−0.782	−0.107	29.4%
	经济增长→竞技体育	0.137		
社会稳定	贫富差距→社会稳定	0.751	−0.257	70.6%
	社会稳定→竞技体育	−0.342		

第一，贫富差距通过经济增长对竞技体育有较强影响。贫富差距对经济增长的直接效应为 −0.782，经济增长对竞技体育的直接效应为 0.137，贫富差距每提高 1 个百分点，通过抑制经济增长阻碍竞技体育发展 0.107 个百分点；经济增长在贫富差距对竞技体育影响的负向影响效应中的贡献度为 29.4%。此研究结果与理论构建的假设一致。这表明在过去的 17 年里，我国贫富差距可以通过经济因素的中介作用减缓竞技体育发展。2021 年陕西全运会的奖牌榜靠后的西藏、甘肃、宁夏等省份由于经济欠发达和人均可支配收入较低，与奖牌榜的前四名省份形成鲜明反差，致使竞技体育发展迟缓。

第二，贫富差距通过社会稳定对竞技体育影响最大。贫富差距对社会稳定的直接效应为 0.751，在此，由于本研究使用的是反向代理变量犯罪率，贫富差距越大并非犯罪率越高，即社会越不稳定。社会稳定对竞技体育的直接效应为 −0.342；贫富差距通过社会稳定的间接影响效应为 −0.257。贫富差距每提高 1 个百分点，通过影响社会稳定减缓竞技体育发展 0.257 个百分点，社会稳定在贫富差距对竞技体育影响的负向影响效应中的贡献度为 70.6%。此研究结果再次证实了理论构建的模型假设一致。由于社会稳定是由犯罪率作为反向变量，即贫富差距越大，犯罪率越高，社会动荡越大。这表明随着贫富差距的扩大，社会更不稳定，不良的社会环境已经对竞技体育的发展构成较大的威胁。

定量分析结果表明：相比于经济因素，社会稳定对竞技体育影响更大。北京大学王文章教授指出：“一个国家要实现长远的现代化发展目标，首先必须要具有社会环境的稳定性，使人们对未来抱有比较稳定的预期。没有稳定的社会环境，目标就只能化为幻影。”[21]社会稳定是一切发展的基础，同样是竞技体育发展的社会条件。

第三，人口规模的中介作用甚微。任何一个地区的资源有限，无法承载人口过度增长。人口规模与经济社会水平必须协调发展，人口规模过大，经济社会发展滞后，现有的资源无法满足人们日益增长物质需要，将阻碍区域竞技体育发展。政府应该依据经济社会发展水平对人口规模进行科学预测，依据本地实际调整产业结构，制定各类人才流动政策，合理的人口布局，将人口总数和人口密度控制在适宜的范围。然而，人口规模在贫富差距对竞技体育的影响中没有通过模型的显著性检验，这与初始模型的假设不相一致。原因可能是：人口数量虽然是运动选材的必要条件，可以直接决定运动选材的范围。然而，随着我国人才流动的壁垒被打破，精英运动员在全国甚至世界范围内的交流已无障碍。我国的南方省份引进了大批北方省份的、难以计数的体能优势项目人才。另外，竞技体育的发展具有较强瞬时性，政府重点发展和扶持在较短时间内能够取得较好的成绩，形成了竞技体育的“东道主现象”。通过选拔优秀少儿运动员从小培养，需要漫长的时期才能达到预期目的。这一传统竞技体育发展模式早已被人才引进的新市场模式替代。这些都是人口因素式微的原因。

人口规模与竞技体育的并非线性关系。我国的近邻印度拥有14亿多人口，但2022年冬奥会参赛运动员仅1名，在开幕入场式形单影只格外醒目；在2020年东京奥运会印度的参赛人数上创造历史，可参赛人数与运动成绩大相径庭，最终1枚金牌、2枚银牌及4枚铜牌，总计7枚奖牌遗憾收官。我国的辽宁省的人口仅占全国的3%，但为全国贡献了20%顶尖运动员，在历届奥运会上辽宁籍运动员获得23.5枚金牌，雄踞各省之首；中超约1/3足球运动员为辽宁籍；CBA的辽宁籍球员约为1/5，历次全运会的奖牌榜总数遥遥领先。可见，竞技体育的影响因素复杂，人口规模并未占据绝对地位。

总之，本研究运用PLS-SEM建模就我国贫富差距对竞技体育的影响效应进行了实证研究，研究结果基本验证了理论假设。结果显示：经过多年的发展，我国的贫富差距通过经济增长、社会稳定对竞技体育具有较强的负效应，其中，社会稳定对竞技体育破坏力最大，而人口规模的预期效应不足。

依据上述结论，国家应缩小贫富差距，调整产业结构，促进社会稳定，以此促进竞技体育发展。结合竞技体育实际，本文提出以下政策建议。

首先，缩小贫富差距是促进竞技体育发展的根本性手段。近年来，关于人口规模、经济社会对竞技体育的影响的研究并不鲜见。但是，关于贫富差距通过人口规模、经济增长、社会稳定影响竞技体育的路径和效应的研究较为罕见。在国家层面上，为了更好地促进竞技体育的发展，应从源头上治理，国家最大限度地缩小地区间、行业间和社会阶层之间的收入差距，是促进我国竞技体育发展的重要抓手。贫富差距无处不在，在竞技体育领域，缩小贫富差距主要从税收和扶贫两个方面进行，达到消除绝对贫困和缩小相对贫困效果：

（1）从再次分配的环节入手，即建立科学的税收制度：依据不同人群、不同区域，精准地确立个人税收起征点。工薪阶层与非工薪阶层的金牌运动员和教练员的免征额有所差异，避免“一刀切”，防止非工薪阶层的某些高收入人群，由于其收入的隐蔽性却税负低；欠发达地区和发达地区的竞技体育从业人员的起征点和免税额有所不同。生活困难的竞技体育从业人员增加专项扣除，能保证其基本的生存权和发展权。适当减少税级，依据收入来源的性质科学确立税率。对于广大工薪阶层的竞技体育从业人员由于税级 7 级税率，税级之间差异小，容易产生税前工资提高，税后收入却减少的尴尬。

（2）科学扶贫。首先，要重视竞技体育困难群体的扶贫工作，建立健全各种保险制度，确保老弱病残的生活来源和保障。长期高负荷的非科学运动训练，部分运动员伤病残，丧失基本的劳动能力，加之文化教育滞后，这批人群很难获得基本的生活来源。由此产生畸形的社会现象，如世界冠军卖金牌、乞讨，导致的违法犯罪的报道并不鲜见，影响竞技体育的可持续发展。国家应通过增加财政公共支出，增加这类困难群体的基本收入使其摆脱绝对贫困。

参考退伍军人的相关管理条例，制定运动员退役的安置政策，保证其必要的生活水平，使其摆脱绝对贫困。深化运动员文化教育改革，各级体育院校、综合大学应依据运动员的特点，探索运动员文化教育规律，努力达到运动训练和文化学习平衡，减少文盲率，实现运动成绩和学习成绩双丰收。通过减免学习和培训费用、创业税收，使其具有生存发展的基本文化和技能，使其能有机会通过辛勤劳动独立谋生和致富，减少运动员的相对贫困。

其次，维护社会稳定能在很大程度提升竞技体育水平。数据分析结果表明，在影响我国竞技体育的三个因素中，社会稳定的权重最大。提升我国竞技体育的水平，首先要提高社会稳定水平。上文统计结果表明，衡量社会稳定的反向代理变量是犯罪率，因此降低犯罪率可以极大地促进社会稳定。犯罪率是由“公诉率”和“批捕率”两个指标构成，其中，“公诉率”的权重更大。降低“公诉率”的并非是消极怠工使犯罪分子蒙混过关，致人民群众的生命财产损失而不顾，而是通过法治建设和道德教育全面降低社会犯罪率。

影响犯罪率的因素多且复杂，发展竞技体育对降低犯罪率有积极作用。有研究表明，大型体育比赛时，城市犯罪率明显降低。公安部门的调查数据显示，凡是在城市中有重大体育比赛或电视转播重大国际比赛，城市的犯罪率明显下降。在法国的马赛市，犯罪率全国排名第二，该市采纳了社会学家的建议，修建了许多运动场，孩子都参加运动，结果青少年的犯罪率显著下降。竞技体育起着社会“安全阀”的作用。

发展竞技体育能有效降低犯罪率，促进社会稳定。但由于竞技体育的飞速发展与道德建设滞后，竞技体育犯罪屡见不鲜。“国无德不兴，人无德不立，官无德不为。”“德治”有利于全面降低社会犯罪率。在竞技体育教育中融入社会主义核心价值观教育，是“以德治国”的题中要义，也是遏制竞技体育犯罪，维护社会稳定的必然要求。

全过程融合。竞技体育与社会主义核心价值观融合，应在包括运动选材、运动训练和运动竞赛在内的全过程实行。运动选材时必须充分考虑运动员的道德品质，而非运动成绩。“天将降大任于是人也，必先苦其心志，劳其筋骨，饿其体肤……”，运动训练能锤炼运动员的意志品质、塑造运动员良好的道德品质，是培育社会主义核心价值观的天然平台。训练管理者、教练员要依据运动员的身心特点，制订切实可行教育计划、教学内容，积极利用新媒体、新手段，以易于接受的形式贯彻社会主义核心价值观教育。

运动竞赛培育社会主义核心价值观更为直接和有效。习近平总书记在看望中国体育代表团多次强调“我们发扬中华体育精神”“力争拿竞技上、道德上、风格上都拿最好的奖牌”“强化拿道德的金牌、风格的金牌、干净的金牌意识，坚决做到兴奋剂问题‘零出现’‘零容忍’，等。中国的体育精神是以“为国争光、无私奉献、科学求实、遵纪守法、团结协作、顽强拼搏”为主要内容，是中国精神的重要组成部分，是社会主义核心价值观的具体表现。运动员在赛场上努力发扬中华体育精神就是弘扬社会主义核心价值观。

全方位融合。社会主义核心价值观融入竞技体育，不能局限于训练和比赛，还应拓展到日常生活中。社会主义核心价值观应与奖惩制度、训练制度、生活制度紧密结合，才能全面影响着运动员们的行为。凡是与社会主义核心价值观冲突的各项管理制度，应修改甚至取缔。体育系统还应广泛利用喜闻乐见的新媒体——微信、微博、公众号、视频号、抖音等多种形式。社会主义核心价值观只有真正地融入运动员、教练员的日常生活中，才能落地、发芽、开花、结果，才能形成巩固的下意识行为，从而避免形式主义，保持持续不断的活力。

最后，增加居民人均可支配收入能有效发展竞技体育。本章构建的经济增长与竞技体育的路径图表明：人均可支配收入的权重大于人均 GDP。人均 GDP 体现一个地区的经济水平，人均可支配收入更多的是体现居民的财富水平，两者是整体与部分的关系。诚然，区域经济实力促进竞技体育发展，而运动员个人的成功更多的是与老百姓的财富水平相关。每一位运动员参加运动训练，除了运动天赋、国家的支持外，在未成名之前更多的是家庭的支持。较之于体能主导项目，技能主导准确类、表现类、对抗类等项目的训练器械、服装、设备、营养等投入更多。比如，高尔夫运动是“贵族”运动已人所共知此外还有每支帆船运动队每年需投入上亿欧元，马术运动中最贵马匹高达 1000 万欧元，更奢侈的还有 F1 赛车运动等，鲜见工薪阶层参与。有调查表明：“浙江省专业运动员父母的经济资源相对较为丰厚，有近 60% 的家庭收入超过浙江省中间阶层家庭年收入平均值。”[22] 这与 20 世纪许多优秀运动员来自农村偏远山区形成鲜明的对比。正所谓“寒门再难出贵子”，也难出优秀运动员。针对竞技体育的发展，地方政府一方面要大力发展经济，提升人均 GDP，另一方面更要增加人民群众的可支配收入。

参考文献

[1] 朱小黄，林嵩，张光利，等．公平指数构建暨贫富差距研究 [M]．北京：经济管理出版社，2018．

[2] 张欣，丁力．我国贫富差距与经济增长关系研究 [J]．统计与决策，2013（19）：123−126．

[3] 任伟，陈立文．贫富差距、房价与经济增长 [J]．华东理工大学学报（社会科学版），2019，34（1）：74−81，107．

[4] 杨晓锋，赵宏中．人力资本分布结构、收入差距与经济增长后劲 [J]．软科学，2013，27（12）：80−84．

[5] 卢元镇．体育社会学 [M]．北京：高等教育出版社，2018．

[6] 龚小红，赵炜涛．经济发展、国民体质与竞技体育空间相关性分析 [J]．统计与决策，2017，（16）：118−120．

[7] 顾先问．我国省域竞技体育发展水平的空间计量研究——基于中华人民共和国第 12 届运动会综合总分榜的经济社会空间分析 [J]．中国体育科技，2014，50（4）：3−9，32．

[8] 李金早，张洋．我国地方经济发展水平与竞技体育实力关系的实证研究：基于第 11 届全运会的数据分析 [J]．首都体育学院学报，2014，26（5）：454−459．

[9] 曾鸣．省域经济发展水平对竞技体育实力的影响 [J]．中南财经政法大学学报，2013（6）：147−152．

[10] 马克思，恩格斯．马克思恩格斯全集：第 2 卷 [M]．中共中央马克思恩格斯列宁斯大林著作编译局，译．北京：人民出版社，1957：416．

[11] 加里・贝克尔．人力资本理论：关于教育的理论和实证分析 [M]．郭虹，译．北京：中信出版社，2007．

[12] 孙全胜．中国特色城市化道路的历史透视和现实选择 [M]，北京：中国书籍出版社，2019．

[13] 王宇鹏，许健，张媛媛．奥运会奖牌榜影响因素的实证分析 [J]．统计研究，2008，（10）：57−62．

[14] BERNARD，ANDREW B，MEGHAN R．Who Wins the Olympic Games：Economic Development and Medal Totals [J]．National Bureau of Economic Research working paper，2000．

[15] 许陈生，何莽．亚运会奖牌影响因素的实证研究 [J]．战略决策研究，2010，1（4）：85–91．

[16] 马德浩．人口结构转变视域下的上海体育发展战略研究 [J]．体育科学，2019，39（4）：51–62．

[17] 许悦雷．我国产学合作利益分配研究 [M]．北京：光明日报出版社，2020．

[18] 陈俊梁，史欢欢，林影，等．城镇化对经济增长影响的路径分析——基于长三角城市群的研究 [J]．经济问题，2022，(4)：49–57．

[19] 郭冬梅，李昕，刘春晓，等．房价、财富不平等与城市犯罪率——基于中国地级市面板数据的实证分析 [J]．中央财经大学学报，2021，(9)：113–128．

[20] 宋光辉．我国人口与经济增长长期稳定关系的实证分析 [J]．西北人口，2004（3）：15–18．

[21] 王文章．维持社会稳定性的根本要素及其重要支撑 [EB/OL]．[2021–04–09]（2022–05–15）https：//www．gmw．cn/xueshu/2021–04/09/content_34752473．htm．

[22] 李留东．浙江省专业运动员家庭社会阶层背景调查研究 [J]．体育科学，2011，31（6）：50–58．

第 6 章　大学生运动员核心稳定性与下肢功能关联研究

学习导语

运动损伤影响参与者的运动表现，通过有效措施提升下肢功能是防治下肢损伤非常必要。核心稳定性对下肢功能有积极影响，但多为理论分析，定量研究略显单薄。核心稳定性与下肢功能测试结果的关联度有结构性差异，并非一切核心稳定性训练都能提高下肢功能。针对以上研究不足和当前的形势，本章探索大学生运动员核心稳定性与下肢功能的关系，运用灰色关联分析模型的优势分析法研究两者的关联度。

本研究主要采用测试法和灰色关联分析模型的优势分析法。首先通过测试得出核心稳定性（自变量）和下肢功能（因变量）的数据。全部数据采用 MATLAB 处理，选择用 $(\bar{x} \pm s)$ 表达近似服从正态分布的定量资料。采用灰色关联分析模型中的优势分析法探讨核心稳定性与下肢功能之间的关系，具体从优势腿、非优势腿及其对称指数三个部分进行。

本研究通过灰色关联模型的优势分析方法得出明确结论——大学生运动员的核心稳定性与下肢功能的成绩在整体上存在中等相关。可以通过提高大学生运动员的核心稳定性能改善其下肢功能表现。针对大学生运动员的下肢功能，核心稳定性训练的重点分别是：男子的侧抛实心球、女子的 1 min 仰卧起坐及其相关的能力。

[摘要]目的：探索大学生运动员核心稳定性与下肢功能的关系。方法：以 166 名大学生运动员为测试对象，运用灰色关联分析模型的优势分析法研究两者的关联度。结果：总体上大学生运动员的核心稳定性与下肢功能的测试成绩呈中

度关联，男子的关联度高于女子。就整体与部分的关系而言，男子的整体核心稳定性与单脚跳远成绩关联度最高，与女子整体核心稳定性关联最高的是8字单脚跳成绩；男子的侧抛实心球、女子的1min仰卧起坐分别与其整体下肢功能关联度最高。各单项指标中，男子的侧抛实心球与单脚跳远，女子的1min仰卧起坐与8字单脚跳关联度最高。结论：通过提高大学生运动员的核心稳定性能改善其下肢功能表现。针对大学生运动员的下肢功能，核心稳定性训练的重点分别是：男子的侧抛实心球、女子的1min仰卧起坐及其相关的能力。

关键词：核心稳定性；下肢功能；测试成绩；关系

The research on the relationship between core stability and lower extremity function of college athletes

[Abstract] Objective: To study the relationship between core stability and lower extremity function test performance。Methods: 166 college athletes were tested. The advantage analysis method of grey correlation analysis model was used to study the relevancy between them. Results: There was a moderate correlation between core stability and lower extremity function. The relevancy of men was higher than that of women. In terms of the relationship between the whole and the part, men's overall core stability has the highest relevancy with the Single hop for distance performance, while One-leg figure 8 hop test performance has the highest correlation with women's overall core stability. Men's Lateral medicine ball toss performance and women's 1-minute sit ups have the highest relevancy with their overall lower extremity function. Among the individual indexes, Men's Lateral medicine ball toss performance and Single hop for distance performance, and women's 1-minute sit ups and one-leg figure 8 hop test performance have the highest relevancy. Conclusion: By improving the core stability of college athletes, their lower extremity function can be improved. For the lower extremity function of college athletes, the key points of core stability training are Men's

Lateral medicine ball toss, Women's 1minute sit ups and their related abilities.

Key words: core stability; lower extremity function; results; relationship

中图分类号：G861.4

体育运动充满乐趣，可以让参与者感受到团结和友谊。遗憾的是，体育运动有一定受伤风险。研究表明：国内外运动人群的下肢损伤十分普遍。[1-4] 随着我国体教融合的深入，大学生竞技体育蓬勃发展，大学生运动员的数量空前增长。若不提前健康干预，大学生运动员下肢损伤会随之增多。运动损伤影响参与者的运动表现，有些人甚至因此告别运动场。通过有效措施提升下肢功能防治下肢损伤非常必要。研究已证实，核心稳定性对下肢功能有积极影响，但这类研究多为理论分析，定量研究略显单薄。[5-13] 另外，核心稳定性与下肢功能测试结果的关联度有结构性差异，并非一切核心稳定性训练都能提高下肢功能。下肢功能的评价需要从不同平面、不同肌肉收缩机制全面考察，但这些机制的模糊不清致使提高核心稳定性训练的针对性和科学性存疑。[11-14] 针对以上研究不足和当前的形势，本研究将揭示大学生运动员的核心稳定性与下肢功能的内在联系，旨在为大学生运动员及其相关人群的健康干预和教育提供科学的实践指导，并丰富核心稳定性训练理论。

1 研究对象与方法

1.1 研究对象

本文的研究对象为探讨核心稳定性与下肢功能的关系。随机选取某体育学院大学生运动员 166 名作为测试对象，在 3 天前告知其测试事宜并签署知情同意书。其中，被试中国家一级及以上运动员 32 名，二级运动员 134 名。男子 114 名，身高为 174.4±6.1cm，体重为 71.1±9.3kg，训练年限 7.9±2.5 年；女子 52 名，平均身高为 165.2±6.9cm，体重 67.9±11.8kg，训练年限 7.8±2.4 年。测试对象纳入标准：测试前无损伤，能正常训练。

1.2 研究方法

本研究主要采用测试法和灰色关联分析模型的优势分析法。

1.2.1 测试法

（1）核心稳定性（自变量）：参考国内外权威文献，本研究选择左／右侧桥测试选一（单位：s，设为 X_1）、侧抛实心球测试（单位：m，设为 X_2）和 1min 仰卧起坐测试（单位：个，设为 X_3）作为核心稳定性测试指标，这是从不同平面、不同肌肉动力系统进行的整体核心稳定性测评，此项测试的信效度已被证实，并得到相关权威文献的广泛引用。[16-17]

（2）下肢功能（因变量）：本研究选取将单脚立定跳远（单位：m，优势腿设为 Y_1，非优势腿设为 Z_1。）、单脚侧向跳（单位：s，优势腿设为 Y_2，非优势腿设为 Z_2）、单脚箱跳（单位：s，优势腿设为 Y_3，非优势腿设为 Z_3）和 8 字单脚跳（单位：s，优势腿设为 Y_4，非优势腿设为 Z_4。）4 个指标的 8 项内容作为下肢功能测试的内容。此组下肢功能测试的信效度已被多项研究证实。[15-19] 对每种下肢功能测试进行对称指数（lower body symmetry index，LSI）的计算，公式为（非优势腿成绩／优势腿成绩）×100%，关于对称指数，单脚立定跳远设为 D_1，单脚侧向跳设为 D_2，单脚箱跳设为 D_3，8 字单脚跳设为 D_4，总体对称指数设为 $D_{总}$。

1.2.2 统计分析

全部数据采用 MATLAB 处理。选择用（$\bar{x}$ ±s）表达近似服从正态分布的定量资料。本研究主要采用灰色关联分析模型中的优势分析法探讨核心稳定性与下肢功能之间的关系，具体从优势腿、非优势腿及其对称指数三个部分进行。

2 研究结果

研究结果分为大学生运动员的核心稳定性与下肢功能测试结果描述，以及核心稳定性与下肢功能的优势分析的结果。

2.1 描述性分析结果

经检验，大学生男女运动员（以下简称男子、女子）的数据结果如表 6-1 所示。依据 LSI ≥ 90% 是返回运动场的安全阈值[20]，本次测试对象基本无损伤或损伤风险极低，因此后续优势分析将不再考虑 LSI 指标。

表 6–1 大学生运动员核心稳定性与下肢功能测试成绩描述性分析结果

指标	男（n=114）	女（n=52）
X_1/s	96.9±4.5	86.5±7.6
X_2/m	11.4±1.9	6.5±1.3
X_3/ 个	50.3±4.1	45.9±7.3
Y_1/m	1.9±0.3	1.5±0.2
Y_2/s	6.6±0.7	7.3±0.8
Y_3/s	7.9±0.1	8.6±1.4
Y_4/s	10.9±0.9	12.2±1.1
Z_1/m	1.8±0.2	1.5±0.2
Z_2/s	6.9±0.8	7.4±0.8
Z_3/s	8.2±0.8	8.7±0.4
Z_4/s	10.7±0.4	12.5±1.2
D_1	1.1±0.2	0.9±0.1
D_2	1.0±0.1	1.0±0.1
D_3	1.1±0.1	1.0±0.1
D_4	1.0±0.1	1.1±0.0

2.2 优势分析结果

优势分析分别从整体、部分的维度对核心稳定性与下肢功能测试结果的关联度进行分析，结果如表 6–2 所示。研究表明，当 $0 < r \leqslant 0.35$，为弱关联；当 $0.35 < r \leqslant 0.65$，为中关联；当 $0.65 < r \leqslant 1.0$，为强关联[21]。核心稳定性与男子两腿的下肢功能的关联度分别为 0.429、0.445，核心稳定性与女子两腿的下肢功能的关联度分别为 0.379、0.372。总体上，核心稳定性与下肢功能的关联度为 0.406。男女核心稳定性与下肢功能的关联度同为中等关联，但男子高于女子。

表 6–2 第五列、第九列揭示，男子的核心稳定性（$X_{总}$）与两腿下肢功能各个指标之间的关联度在 0.402～0.478 之间，关联度最高的是两腿的单脚立定跳远。女子的核心稳定性（$X_{总}$）与两腿下肢功能的各指标的关联度在 0.303～0.412 之间，关联度较高的是两腿的 8 字单脚跳。除了女子的两腿的单脚立定跳远外，核心稳定性与男女其余下肢功能指标的关联度，属于中等强度。

表 6–2　核心稳定性与下肢功能的测试成绩关联度

下肢功能	男（n=114）				女（n=52）			
	X_1/s	X_2/m	X_3/ 个	$X_{总}$	X_1/s	X_2/m	X_3/ 个	$X_{总}$
Y_1/m	0.401	0.588	0.446	0.478	0.289	0.287	0.335	0.303
Y_2/s	0.349	0.482	0.375	0.402	0.389	0.224	0.596	0.403
Y_3/s	0.362	0.477	0.375	0.405	0.477	0.208	0.504	0.396
Y_4/s	0.374	0.524	0.396	0.431	0.404	0.228	0.603	0.412
$Y_{总}$	0.371	0.518	0.398	0.429	0.390	0.236	0.510	0.379
Z_1/m	0.405	0.583	0.439	0.476	0.312	0.320	0.358	0.330
Z_2/s	0.399	0.571	0.426	0.465	0.329	0.275	0.511	0.371
Z_3/s	0.358	0.482	0.381	0.407	0.505	0.191	0.442	0.379
Z_4/s	0.376	0.525	0.395	0.432	0.401	0.234	0.586	0.407
$Z_{总}$	0.384	0.540	0.410	0.445	0.387	0.255	0.474	0.372

表 2 第 6 行、第 11 行揭示，男子的两腿下肢功能（$Y_{总}$、$Z_{总}$）与核心稳定性各个指标之间的关联度在 0.371～0.540 之间，关联度最高的是侧抛实心球。女子的两腿下肢功能（$Y_{总}$、$Z_{总}$）与核心稳定性的各指标的关联度在 0.236～0.510 之间，关联度较高的是 1 min 仰卧起坐。除了与女子侧抛实心球外，男女核心稳定性各项指标与下肢功能的中等关联。

表 6–2 揭示，通过对核心稳定性 3 个指标与下肢功能 4 个指标的关系测算结果表明：所选男子的 48 个关联系数全部在 0.35～0.65 之间，均为中等关联。所选女子的 36 个关联系数在 0.35～0.65 之间有 22 个，占总数的 60%；位于 0.35 以下有 14 个，占总数的 40%。也就是说，女子约有 60% 的核心稳定性和下肢功能的各项指标属于中等关联，约有 40% 是弱关联。表 6–2 揭示，女子主要是第 7 列的侧抛实心球与下肢功能关联较弱。从表 6–2 各列的不同类别关联系数看，男子侧抛实心球与两腿的单脚立定跳远的关系最密切；女子则是 1 min 仰卧起坐与两腿的 8 字单脚跳关联度最高。

3 讨论

本章通过灰色关联模型的优势分析方法得出明确结论——大学生运动员的核

心稳定性与下肢功能的成绩在整体上存在中等相关，与前人理论研究结论相近。但与个别定量研究结论比较有所不同。Naseri N，Fakhari Z，Senobari M 等人研究证实女性运动员的核心稳定性与下肢功能之间存在微弱相关。[11] 究其原因可能是：一是测试对象不同。本研究的测试对象包括男性和女性，而 Naseri N 等人的研究仅为女性。二是测试方法不同。Naseri N，Fakhari Z，Senobari M 等人探讨女性运动员的核心稳定性与下肢功能的关系时，其核心稳定性测试全部使用静态指标，如索伦森竖脊肌测试（beiring–sorensen trunk extension test）、躯干屈曲测试（trunk flexion test）、左右侧桥（left flexion test、right flexion test）。核心稳定性训练包括静态练习和动态练习。单纯的静态指标测试结果无法为核心稳定性训练提供全面依据。Naseri N 等人在自身的研究展望中指出需要增加动态指标，仅静态指标不适合测试运动人群。不仅如此，该文运用星状偏移平衡评估下肢功能。星状偏移平衡测试主要目的是评估运动员的动态平衡能力和姿势控制能力，与部分下肢功能相关，但不全面，如下肢的侧向移动和上下跳的爆发力，以及控制能力等难以体现。

核心稳定性是一个综合概念，绝非各自为政。综合训练的要旨在于发展功能性力量和改善神经肌肉效率。所谓功能性力量是“神经肌肉系统在功能性运动中快速、高效地产生动态的、多平面的离心、向心和等长稳定动作的能力。”核心稳定性与功能性力量的训练价值存在耦合之处。本研究的下肢功能测试包括 8 字单脚跳可以评估水平面多方向上，爆发力的产生、速度、保持平衡和单侧下肢的控制能力，特别强调单侧下肢完成特定距离的速度。这 4 项测试基本涵盖了下肢的所有功能性力量，充分体现了下肢神经肌肉效率。可见，核心稳定性与下肢功能是一种因果关系，通过提升改变核心稳定性，可以改善下肢功能。核心稳定性与下肢功能还是内容与形式关系，核心稳定性训练通过优化人体动作系统内部结构，全面提升下肢运动功能。

本次研究还发现，男子核心稳定性与下肢功能关联强度高于女子。原因可能是，女性的肌肉成分、生理结构与男性有较大的不同，女性神经肌肉效率较低导致其核心稳定性、下肢功能的整体水平较低，从而关联相对较弱。

核心稳定性对下肢功能的各项指标的关联强度呈现性别差异，男子核心稳定性的典型指标为侧抛实心球，女子是 1 min 仰卧起坐；男子下肢功能的典型指标是单脚立定跳远，女子是 8 字单脚跳。而共同的肌肉工作机制是其关联的桥梁和纽带。侧抛实心球主要反映人体水平面前部和回旋核心肌群的力量和爆发力，单脚跳远是考察人体下肢爆发力，爆发力是侧抛实心球与单脚跳远相互作用产生紧密联系的共同机制。

1 min 仰卧起坐与 8 字单脚跳紧密相关，平衡能力起着主要作用。仰卧起坐对于平衡能力和支撑能力的发展大有帮助，可以改善中枢神经系统功能。而 8 字单脚跳主要评估运动员在水平面内多个方向上，爆发力的产生、速度、保持平衡和单脚下肢控制的能力。平衡能力和支撑能力是仰卧起坐和 8 字单脚跳高度相关的纽带。

为何男子的典型指标是爆发力，而女子是平衡能力？原因可能是：男性的力量和爆发力占优，而女性则是平衡能力占优。女性由于股骨、肱骨两侧上髁的直径、臂长、胸围及肩宽等指标低于男性，髋部却大于男性，形成上体长而窄、下肢短而粗、肩窄盆宽的特殊体型，这种特殊的身体重心低稳定性高，有利于完成平衡性高的动作。[23]

总之，提高大学生运动员的核心稳定性能改善其下肢功能表现。但是，针对大学生运动员的下肢功能，核心稳定性训练的区别是：男子的侧抛实心球、女子的 1min 仰卧起坐及其相关的能力。

参考文献

[1] 梅琳达・弗雷格尔．运动损伤处理指导手册 [M]．罗伟，邓旻译．北京：人民邮电出版社，2020．

[2] 拉尔斯・彼得松，佩尔・伦斯特伦．运动损伤学（第 4 版）[M]．敖英芳，王健全，杨渝平主译．郑州：河南科学技术出版社，2019．

[3] 艾琳・麦吉尔，伊恩・蒙特尔．NASM−PES 美国国家运动医学学会运动表现训练指南（第 2 版）[M]．崔雪原，译．北京：人民邮电出版社，2020．

[4] 迈克尔・克拉克，斯科特・卢塞特，布赖恩・萨顿．NASM−CES 美国运动医学学会纠正性训练指南 [M]．王雄，译．北京：人民邮电出版社，2019．

[5] 张兴，廖瑛，周君，等．核心区肌群稳定性训练防治膝骨关节炎的意义 [J]．中南医学科学杂志，2020，48（1）：102–104．

[6] 郭大伟，焦军，徐瑞泽，等．本体感觉神经肌肉促进技术联合核心稳定性训练对功能性踝关节不稳患者康复的影响 [J]．中国实用医药，2020，15（9）：182–184．

[7] 李萍，童理刚，陈文佳．基本功能动作、核心稳定性与体育院校本科生身体素质表现的关系研究 [J]．山东体育学院学报，2018，（4）：93–98．

[8] 张海斌，翟丰，张大中，等．核心稳定性测试与女子排球运动员急停起跳高度特征的相关性研究 [J]．天津体育学院学报，2018，33（2）：69–76．

[9] 郭梁，LI LI，吴瑛．核心稳定性相关测试与摆臂和不摆臂下蹲跳高度的关系 [J]．体育科学，2018，38（4）：67–72．

[10] 赵亮，葛春林，陈小平．高水平沙滩排球运动员核心稳定性与最大扣球速度的相关性研究 [J]．中国体育科技，2012，48（6）：25–29．

[11] NASERI N，FAKHARI Z，SENOBARI M，et al．The relationship between core stability and lower extremity function in female athletes[J]．Modern Rehabilitation，2012(2)：7．

[12] ELLENBECKER T，ROETERT P．An isokinetic profile of trunk rotation strength in elite tennis player [J]．Medicine and Science in Sports and Exercise，2004，36：1959–1963．

[13] LEETUN D T，IRELAND M L，WILLSON J D，et al．Core stability measures as risk factors for lower extremity injury in athletes [J]．Medicine and Science in Sports and Exercise，2004，36：926–934．

[14] 迈克尔·雷曼，罗伯特·曼斯克．功能性运动表现测试指导手册 [M]．沈兆喆，雷宁，译．北京：人民邮电出版社，2020．

[15] ITOH H，KUROSAKA M，YOSHIYA S，et al．Evaluation of functional deficits determined by four different hop tests in patients with anterior cruciate ligament deficiency[J]．Knee Surg Sports Traumatol Arthrosc，1998，6：241–245．

[16] BOLGLA L A，KESKULA D R．Reliability of lower extremity functional performance tests[J]．Journal of Orthopaedic & Sports Physical Therapy，1997，26(3)：138−42．

[17] ITOH H，ICHIHASHI N，SAKAMOTO T．Functional Test for the Knee Joint[J]．Bulletin of allied medical sciences Kobe，1989，5：75−81．

[18] LRTIZ A，OLSON S L，RODDEY T S，et al．Reliability of selected physical performance tests in young adult women[J]．Journal of Strength and Conditioning Research，2005，19(1)，39−44．

[19] 杨涛．下肢功能测试在评估前十字韧带重建术后安全返回赛场中的应用 [J]．体育科研，2017，38（5）：89−103．

[20] ANDERSON．Functional Testing in Human Performance[M]．Human Kinetics，2009．

[21] 冯为远．基于灰色关联度的职业教育与经济协调发展研究 [J]．高教探索，2019，（7），92−96，107．

[22] 霍利斯・兰斯・科伯曼．核心稳定性训练 [M]．杨溪，译．北京：人民邮电出版社，2019．

[23] 王瑞元，苏全生．运动生理学 [M]．北京：人民体育出版社，2016．

第 7 章　南京市青少年学生视力与体质的耦合度研究

学习导语

第八次全国学生体质与健康调研发现“学生视力不良和近视率偏高、学生超重肥胖率上升、学生握力水平有所下降”等问题，青少年的视力与体质问题依然严峻。人体是一个复杂的系统，对人体体质和视力仅仅依靠还原论的研究范式是不全面的。本章是将视力和体质作为一个整体进行研究，探索南京市青少年视力与体质的耦合度，旨在为该市及类似地区的青少年视力与体质干预提供依据。

首先通过体质检测和视力测试得到数据，然后采用 Excel 2020 建立数据库，经检验发现所有数据呈正态分布，在此基础上进行独立样本 T 检验。体质和视力影响因素具有多层次、多功能、多目标的特点，是相互联系和相互制约的、信息不完全明确的复杂系统，简单的线性分析很难对系统间的相互作用进行全面的阐述，而灰色关联模型适合复杂系统的多因素相互作用分析，因此选用灰色关联模型。

根据调查分析可知，随着年龄的提升，课业负担加大，南京市青少年的视力呈现下降趋势，全国的形势与之类似。从视力与体质的耦合度变化可知，南京市青少年男生的视力与体质的耦合度随着年龄的增长不断递增，而女生的视力与体质的耦合度却随年龄增长而不断递减。据讨论得出，南京市男生应全面加强体育锻炼，女生应改善营养和多开展户外运动，以改善视力与体质及其耦合度。

[摘要] 目的：探索南京市青少年视力与体质的耦合度，为该市及类似地区的青少年视力与体质干预提供依据。方法：2021 年随机抽取南京市小学六年级、初

中二年级，高三年级共计 3212 名学生，测试内容包括视力和身体形态、身体机能和身体素质。结果：南京市青少年视力随着年龄增高而降低；学生体质总分依次是：高三年级＜小学六年级＜初中二年级。男生的体质与视力耦合度随年级的增高而增高，女生的体质与视力耦合度随年级的增高而降低。结论：南京市男生应全面加强体育锻炼，女生应改善营养和多开展户外运动，以改善视力与体质及其耦合度。

关键词：青少年；视力；体质；耦合度

coupling degree of vision and physical fitness of young students in Nanjing

Fan kaibin[1]

(School of Sports Training, Nanjing Sport Institute, Nanjing 210046, China)

[Abstract] Objective: To explore the coupling degree of vision and physical fitness of adolescents in Nanjing, and to provide basis for the intervention of vision and physical fitness of adolescents in Nanjing and Relevant regions. Methods: In 2021, 3266 students in Grade 6 of primary school, grade 2 of junior middle school and grade 3 of senior high school in Nanjing were randomly selected. The test contents are vision, body shape, body function and physical quality. Results: The visual acuity of adolescents in Nanjing decreased with age; The total score of physical fitness is as follows: Grade 3 of senior high school < grade 6 of primary school < grade 2 of Junior Middle School. The coupling degree of physique and vision of boys increases with the increase of grade, and the coupling degree of physical fitness and vision of girls decreases with the increase of grade. Conclusion Male students in Nanjing should strengthen physical exercise in an all-round way, and female students should improve nutrition and carry out more outdoor sports to improve their eyesight, physical fitness and their coupling degree.

Key words: teenagers; vision; constitution; Coupling degree

2021 年 9 月 3 日，教育部举行新闻发布会，发布解读《教育部等五部门关于全面加强和改进新时代学校卫生与健康教育工作的意见》和第八次全国学生体质与健康调研结果。调研发现“学生视力不良和近视率偏高、学生超重肥胖率上升、学生握力水平有所下降”等问题。青少年的视力与体质问题依然严峻。[1]

“耦合”源于物理学。物理学中把“两个或两个以上的体系或两种运动形式之间通过各种相互作用而彼此影响以致联合起来的现象”称之为耦合。世界万物是普遍联系的。自组织理论认为系统与系统之间存在着非线性的相互作用，系统与系统之间的相互作用是事物存在的普遍范式，这种范式称为耦合。[2]

已有的关于视力与体质的研究常常将“高层的、复杂的对象分解为较低层的、简单的对象来处理”，试图将复杂的事物分解为足够细小的问题来研究，奢望将细小的问题组合在一起，达到对复杂的事物全面、准确的认识。但是，人体是一个复杂的系统，人体的各部分组合在一起，相互作用，相互影响，最终达到“涌现”出更大的功能和效应。因此，对人的体质和视力仅仅依靠还原论的研究范式是不全面的。本章将视力和体质作为一个整体进行研究，这与过去的研究有较大的区别，通过计算视力与体质的耦合度，旨在为南京市及其类似地区的青少年视力和体质系统促进和整体干预提供参考和借鉴。[3]

1 对象与方法

1.1 对象

以南京市的鼓楼区、玄武区、建邺区、秦淮区、栖霞区、雨花台区 6 个区的所有公办、民办高中学校（含直属学校和区属高中学校）的普高（高三年级）、初中（初二年级）、小学（六年级）的学生为检测对象。所有检测年级均采取随机抽取 50 名学生（男女生各 25 名）的方式参加检测。检测前一周，向家长发放知情同意书，告知家长本研究的目的及视力和体质检查的具体内容和操作，得到家长的同意后实施检测。本研究所有的检测于 2021 年 11 月—12 月对 3218 名学生进行检测，剔除无效数据 6 份，最终形成 3212 名学生有效成绩。

1.2 方法

1.2.1 数据来源

（1）体质检测。依据最新版《国家学生体质测试标准》的内容与方法施测，小学六年级：L_1（身高：m）、L_2（体重：kg），L_3（体重指数）、L_4（肺活量：ml）、L_5（50m：s）、L_6（坐位体前屈：个）、L_7（小学为 1 分钟跳绳、初二和高三均为立定跳远）、L_8 [小学六年级：仰卧起坐，初二年级、高三年级：引体向上（男）/ 仰卧起坐（女）]、L_9 [小学六年级：50m × 8，初二年级、高三年级：1000 m（男）/800 m（女）]，体质总分定为（$L_{总}$）。

（2）视力测试。依据《儿童青少年近视筛查规范》[4] 和《儿童青少年近视防控适宜技术指南》[5]，采用《国家标准对数视力表》(GB 11533−2011)，以双眼较差的一只眼为准，裸眼视力 <5.0 为视力不良；4.9 的为轻度视力不良；4.6～4.8 为中度视力不良；≤ 4.5 为重度视力不良。检测内容：左眼视力为 Z_1，右眼视力 Z_2。以上测试均由经过培训的专业教师操作完成。

1.2.2 统计分析

采用 Excel 2020 建立数据库，经检验发现所有数据呈正态分布，在此基础上进行独立样本 T 检验，差异显著性水平皆设定为 0.05。

体质和视力影响因素具有多层次、多功能、多目标的特点，是相互联系和相互制约的、信息不完全明确的复杂系统，简单的线性分析很难对系统间的相互作用进行全面的阐述，灰色关联模型适合复杂系统的多因素相互作用分析。灰色关联分析步骤为：

第一步：求各序列的初值像（或均值像）。令

$$X_i' = X_i / x_i(1) = (x_i'(1), x_i'(2), \cdots, x_i'(n))$$

$$i = 0,1,2,\cdots,m$$

第二步：求差序列。记

$$\Delta_i(k) = | x_0'(k) - x_i'(k) | \quad , \quad \Delta_i = (\Delta_i(1), \Delta_i(2), \cdots, \Delta_i(n))$$

$$i = 1,2,\cdots,m$$

第三步：求两极最大差与最小差。记

$$M = \max_i \max_k \Delta_i(k) \ , \ m = \min_i \min_k \Delta_i(k)$$

第四步：求关联系数

$$\gamma_{0i}(k)=\frac{m+\xi M}{\Delta_i(k)+\xi M},\quad \xi\in(0,1)$$

$$k=1,2,\cdots,n\ ;\ i=1,2,\cdots,m$$

第五步：计算关联度

$$\gamma_{0i}=\frac{1}{n}\sum_{k=1}^{n}\gamma_{0i}(k)\ ;\ i=1,2,\cdots,m$$

依据相关文献确定[6]：$0<\gamma_{0i}\leqslant 1$，γ_{0i}值越大，说明关联性越大，具有越强的耦合作用。当$0<\gamma_{0i}\leqslant 0.3$时表明为低度耦合；$0.3<\gamma_{0i}\leqslant 0.5$表明具有中等耦合；$0.5<\gamma_{0i}\leqslant 0.8$表明高度耦合；$0.8<\gamma_{0i}\leqslant 1$表明极度耦合。

2 结果

2.1 南京市青少年视力和体质独立样本 T 检验结果

表 7–1 南京市青少年视力和体质得分与独立样本 T 检验结果

指标	小学六年级			初二年级			高三年级		T 值
	男 (n=531)	女 (n=525)	T 值	男 (n=504)	女 (n=495)	T 值	男 (n=581)	女（n=576）	
S_1	4.9±0.1	4.8±0.1	1.254	4.7±0.11	4.7±0.12	1.198	4.5±0.1	4.5±0.1	−0.111
S_2	4.9±0.1	4.8±0.2	0.143	4.6±0.11	4.6±0.12	0.397	4.5±0.4	4.5±0.2	0.773
L_1	1.52±2.2	1.52±2.3	−0.584	1.67±2.5	1.59±1.5	14.496***	1.72±1.3	1.60±1.5	29.875***
L_2	43.3±2.5	42.9±2.1	0.786	55.8±2.5	50.1±1.6	10.811***	61.7±2.1	53.2±1.6	17.088
L_3	96.2±2.5	96.1±1.9	0.094	95.8±2.4	96.5±2.0	−1.291	97.7±1.9	97.3±1.6	0.79
L_4	89.8±4.5	97.2±2.1	−8.11***	93.3±4.5	95.4±3.9	−1.817	90.3±5.4	92.3±3.8	−1.286
L_5	87.4±5.0	83.8±4.0	3.033**	93.2±4.3	85.9±4.8	6.126***	90.5±4.4	79.9±4.84	9.451***
L_6	89.6±4.5	91.9±3.7	−2.262	84.5±4.9	85.5±4.5	−0.82	75.9±5.1	81.6±3.8	−4.683***
L_7	99.5±0.9	99.2±1.4	0.907	87.3±5.3	86.8±6.2	0.363	82.9±4.6	85.6±5.7	−1.91
L_8	95.3±3.8	94.5±4.5	0.708	67.2±2.6	90.3±6.4	−5.869***	70.1±2.9	78.5±6.8	−1.175
L_9	90.1±5.1	93.1±3.7	−2.782**	92.4±5.1	94.9±4.3	−2.073	82.7±5.3	86.9±6.5	−2.603*
$L_{总}$	92.3±2.7	93.1±2.3	1.005	92.7±7.2	93.5±6.4	−0.528	88.6±6.9	86.9±4.1	1.122

表 7–1 揭示：南京市小学六年级男生的视力为轻度视力不良，女生为中度视力不良。六年级男生的视力略好于女生，两者的差异无统计学意义，但程度不容

忽视。体质总分依次是：高三年级＜小学六年级＜初中二年级，其中高三年级体质最差。

在身高、肺活量、体前屈和 50m × 8 等指标方面，南京市小学六年级男生的得分低于女生。其中，男女生肺活量与 50m × 8 的得分差异显著。在体重、体重指数、50m、一分钟跳绳、仰卧起坐及体质总分指标中，南京小学六年级男生的得分高于女生，其中 50m 两者差异显著。表 7–1 揭示，南京市初二男生的视力优于女生，无显著差异，两者均为中度视力不良。与表 7–1 的小学六年级男女生比较，初二男女生的视力有所下降。

不容忽视的是，南京市小学六年级和初中二年级的学生体质总分，均是女生高于男生，无显著差异。

比较身高、体重、50m、立定跳远等指标的得分，南京市初二男生高于女生，其中，身高、体重、50m 得分两者有显著差异。在体重指数、肺活量、坐位体前屈、引体向上（仰卧起坐）、1000/800m 等指标及体质总分，南京市初二女生的得分高于男生，其中，引体向上（仰卧起坐）、1000/800m 的得分两者差异显著。

表 7–1 示，南京市高三男、女生的视力均为 4.5，为重度视力不良。与小学六年级、初二年级的男女生比较，高三男女生的视力更差。

比较发现，南京市高三的男生在身高、体重、体重指数、50m 得分和总分高于女生，其中，身高、50m 的得分的差异显著。高三女生的肺活量、坐位体前屈、立定跳远、引体向上（男）/ 仰卧起坐、1000m/800m 的得分高于男生，其中坐位体前屈和 1000m/800m 男女得分差异显著。

2.2 南京市中小学生视力和体质灰色关联分析结果

表 7–2 揭示，男生的体质与视力耦合度小学六年级为 0.458，初二为 0.584，高三为 0.616，不断在升高。女生的体质与视力耦合度小学为 0.447，初二为 0.435，高三为 0.399，逐步下降。

在小学六年级阶段，男女生与视力耦合度最高的体质指标都是 1 分钟跳绳，最低是体重。小学六年级学生体质与视力高度耦合的指标，男生有体重指数、肺活量、1 分钟跳绳、50m × 8；女生有体重指数和 1 分钟跳绳。其余均为中等耦合。

初二年级中，男生的体质与视力耦合度最高的指标是体重指数，最低的是引体向上；女生的体质与视力耦合度最高的是身高，最低的是仰卧起坐。初二年级学生的体质与视力高度耦合的指标，男生有身高、体重指数、肺活量、50m、坐位体前屈、立定跳远，女生只有身高。体质与视力中等耦合的指标，男生有体重，女生有体重、体重指数、肺活量、50m、坐位体前屈、立定跳远。初二年级学生的体质与视力低度耦合的指标，男生为引体向上，女生为仰卧起坐。

高三年级中，男生的体质与视力耦合度最高的指标是体重，女生是50m。高三年级学生的体质与视力高度耦合的指标，男生有身高、体重、体重指数、肺活量、50m、坐位体前屈、立定跳远、1000m，女生无；高三年级学生的体质与视力中度耦合的指标，男生为引体向上，女生有身高、体重指数、50m、坐位体前屈、立定跳远、仰卧起坐、800m。高三年级学生的体质与视力低度耦合的指标，男生无，女生有体重、肺活量。

表 7–2 南京市青少年学生的视力与体质关联矩阵

体质	六年级视力		初二年级视力		高三年级视力	
	男	女	男	女	男	女
L_1	0.448	0.482	0.724	0.626	0.704	0.415
L_2	0.340	0.336	0.485	0.472	0.728	0.277
L_3	0.561	0.506	0.754	0.499	0.641	0.459
L_4	0.532	0.426	0.593	0.490	0.546	0.269
L_5	0.349	0.388	0.670	0.431	0.682	0.483
L_6	0.375	0.463	0.659	0.422	0.604	0.460
L_7	0.581	0.565	0.514	0.328	0.615	0.414
L_8	0.434	0.421	0.260	0.255	0.370	0.429
L_9	0.505	0.434	0.600	0.393	0.653	0.383
均值	0.458	0.447	0.584	0.435	0.616	0.399

3 讨论

3.1 南京市青少年视力与体质的现实问题

南京市中小学生的视力现状是，小学六年级男生为轻度视力不良，女生为中度视力不良，初二男女生为中度视力不良，高三男女生为重度视力不良。可以认为，随着年龄的提升、课业负担加大，南京市青少年的视力呈现下降趋势。这与全国的形势类似。

本研究发现，南京市六年级女生的肺活量和 50m × 8 明显优于男生，肺活量和 50m × 8 属于心肺功能指标，说明南京市六年级女生的心肺耐力强于男生。男生的 50m 成绩显著优于女生，50m 反映速度能力，说明南京市小学六年级男生的速度能力明显强于女生。

初二男生的身高、体重和 50m 成绩明显优于女生，说明初二的男生在生长发育快速发展，速度能力继续保持优势。初二女生的仰卧起坐、800m 的得分明显优于男生引体向上、1000m，仰卧起坐和引体向上主要考察力量耐力，1000m/800m 主要测试心肺耐力素质。可以认为，初二女生的力量耐力和心肺耐力全面优于男生。

高三的男生身高、50m 得分明显优于女生，说明高三的男生身高和速度能力继续保持优势。女生坐位体前屈和 1000m/800m 成绩显著高于男生，坐位体前屈代表柔韧素质，1000m/800m 代表心肺耐力素质，说明南京市高三的女生在柔韧素质和心肺耐力素质全面优于男生。女生的柔韧素质优于男生，与女生的生理结构有密切关系。女生的肌纤维长，关节周围组织体积小，关节囊较松弛，韧带、肌腱等软组织中的水分较多共同导致女生的柔韧性优于男生。

概而言之，南京市青少年的体质呈现明显的性别差异，男生的速度素质明显优于女生，而女生的力量耐力和心肺耐力明显优于男生。依据运动生理学理论，速度素质与肌肉爆发力和最大力量密切相关，男生的肌肉含量和身高的优势导致其速度素质优于女生。但是耐力素质受后天锻炼影响较大，提升的空间较大。我国女子中长跑运动员曾经在国际赛场保持较长时期的优势，很大程度是因为女生的有氧耐力可训练程度较高的缘故。南京市女生青少年的耐力素质优于男生，有理由推测，女生参加体育锻炼的积极性和坚持度均高于男生。

3.2 视力与体质耦合度

视力与体质的关系较为复杂。学生的体质健康状况和视力状况是不容乐观的，且相互之间有关联，体质健康状况不良的学生其视力也相对低下。[7] 也有研究指出："尽管学生视力随年龄增加而下降，但这种下降和生长发育并无因果关系。"[8]"身体发育过程不会直接导致视力低下，而视力低下与用眼有着直接的关系。"[9]这说明，导致青少年视力的因素众多，不能一概而论。

从视力与体质的耦合度变化可知，南京市青少年男生的视力与体质的耦合度随着年龄的增长不断递增，而女生的视力与体质的耦合度却随年龄增长而不断递减。说明，视力不仅与体质相关，还与先天、生活环境和生活方式相关。针对男生视力与体质耦合度较高的现状，可以考虑积极地参加全面的体育锻炼改善体质，从而改善视力。具体可以选择高度耦合的指标提前干预，比如，小学六年级学生的心肺耐力指标、超重和肥胖问题，初二年级男生速度、爆发力及体重问题，高三年级的全面身体素质。

女生的体育锻炼积极性较高需要保持，基于视力与体质的改善，还需要考虑其他因素。首先是营养因素，长期营养不良极易导致近视。有研究指出："中小学生视力不良与性别有关，与身高、体重、存在部分的相关性。"[10]"BMI 异常与大学新生不良视力存在相关性。"[11]"高中生的生长发育和健康状况会影响近视的发生和发展。通过 BMI 的检测，可以便捷有效地预测视力低下的发生。"[12–13]"BMI 过高或过低组视力低下率均高于 BMI 正常组，提示营养不良或超重均对裸眼视力产生影响。"[14]"视力不良程度越重者往往体型越趋瘦削，身体充实度越低。"[15]因此，女生应摄入足够的优质蛋白质，如蛋类、鱼类、禽类及大豆等，还应补充适量的维生素和微量元素。挑食、偏食和过多摄入甜食对眼部和生长发育极其不利。

其次是增加户外运动。近视与体育锻炼有关，但体育锻炼的时间有限。即便是优秀运动员每天 5～6 小时在运动场上，如果平时用眼不当，视屏时间过长，也同样造成视力减退。优秀运动员视力不良并非个案，比如许海峰、王义夫等。南京市青少年女生体育锻炼的自觉性优于男生，说明她们服从性较好，体育学习的积极性较强，但这并不意味着她们户外运动时间更长，她们的文化学习可能更努力，视屏时间可能更长。因此，需要依据青少年女生的具体情况有针对性地进行干预。

参考文献

[1] 吴琰，李润文．江苏省教育厅公布 2013 年学生体质健康监测结果：视力下降是学生体质最突出问题 [J]．人民教育，2014（12）：4．

[2] 王玉梅．科技成果转化的知识管理与人才管理耦合成效测评及对策研究 [J]．科技进步与对策，2010（1）：6．

[3] 中国学生体质与健康研究组．2000 年中国学生体质与健康调研报告 [M]，北京：高等教育出版社，2002．

[4] 中华人民共和国国家卫生健康委员会．国家卫生健康委办公厅、教育部办公厅、财政部办公厅关于开展 2018 年儿童青少年近视调查工作的通知 [EB/OL]．(2018−10−26)[2021−12−8]．http://www.nhc.gov.cn/cms-search/xxgk/getManuscriptXxgk.htm?id=08e2b45092d346a8a8c960d3e3d98b62．

[5] 国家卫生健康委办公厅关于印发儿童青少年近视防控适宜技术指南的通知 [EB/OL].(2019−10−15)[2021−12−8]．http://www.nhc.gov.cn/jkj/s5898bm/201910/c475e0bd2de444379402f157523f03fe.shtml．

[6] 张金亭，董艳超，方斌．基于灰色关联法的耕地后备资源供需耦合分析 [J]．地域研究与开发，2020，39（1）：163−167，174．

[7] 谢晓东，张艺，李爱玲．中学生视力状况与体质健康调查结果分析 [J]．现代医药卫生，2012，28（17）：2708−2709．

[8] 叶卫兵．青少年学生视力和体质健康的增龄变化——以浙江省中小学生为例 [J]．北京体育大学学报，2013，36（2）：79−83．

[9] 赵亚军，李凤轩，陈宝仲．江门市城乡中学生视力与体质关系分析 [J]．中国学校卫生，2006，（1）：40−41．

[10] 彭志斌，戴学伟．景德镇市中小学生视力与体质指数关系研究 [J]. 江西医药，2017，52（8）：822−824．

[11] 潘姣姣，黄树琴，温菊芬，等．深圳市某高校入学新生视力与体质指数相关性分析 [J]．中国初级卫生保健，2017，31（6）：61−63．

[12] 蒋伟蓉，黎逢保．岳阳市城区高中毕业生视力与体质指数关系调查分析 [J]．吉林医学，2009，30（21）：2663−2664．

[13] 姚晶磊，肖林，徐冰，等．北京1839例中学生体质指数与裸眼视力调查结果分析[J]. 北京医学，2008（3）：184.

[14] 汪鹏燕．南京市职业中专学生视力与体质调查研究[J]. 青少年体育，2012，（2）：112–114.

[15] 中国学生体质与健康调研组．中国汉族大学生视力不良与体质的关系[J]. 中华预防医学杂志，1999，（5）：320.

第 8 章　中小学毕业生体质健康：耦合逻辑与提升路径 *

学习导语

青少年缺乏运动会导致体质下降、慢性病发病率增加，严重阻碍我国经济和社会发展。青少年的体质问题，必将影响国家的长治久安。由此，青少年体质健康问题受到我国政府高度重视。本研究探索南京市中小学毕业生体质健康构成要素的耦合度与提升路径，为该市及类似地区的毕业生体质干预提供依据。

人体一个复杂的系统，每一种局部因素都与其他局部因素保持一种耦合关系。耦合度是描述系统或要素相互影响的程度。研究并计算中小学毕业生体质健康耦合度，是从整体上把握、自上而下地认识青少年体质的发展规律。通过测试收集中小学毕业生体质数据，采用 Excel 建立数据库并进行数据分析和计算。权威文献研究显示，灰色关联法适合计算耦合度：关联度取值在 0～1 之间。

体质健康构成要素耦合度越高，体质越好；反之越差。比较发现，男生、女生的体质构成要素的耦合度从低年级到高年级的变化趋势存在差异，男生是递增，而女生是递减。青少年的体质构成要素耦合度的提升，有助于体质的增强。本研究为提高南京市青少年体质构成要素的耦合度制订了个性化路径：南京市小学毕业生应加强核心稳定性训练，初中毕业生应改善膳食结构和加强有氧练习，高中毕业生应提升耐力素质。

[摘要] 目的：探索南京市中小学毕业生体质健康构成要素的耦合度与提升路径，为该市及类似地区的毕业生体质干预提供依据。方法：2021 年随机抽取南京市小学六年级、初中三年级，高三年级共计 3553 名学生，依据《国家学生体质

健康标准》(2014)的内容与方法进行测试。结果：南京市中小学毕业生的体质构成要素属于中等耦合；从低年级到高年级的变化趋势，男生是递增，女生是递减。南京市小学、初中、高中毕业生体质健康的序参量分别是仰卧起坐、体重指数和耐力跑。结论：南京市小学毕业生应加强核心稳定性训练，初中毕业生应改善膳食结构和加强有氧练习，高中毕业生应提升耐力素质。

关键词：基础阶段；毕业生；体质健康；耦合度

Physical fitness of primary and secondary school graduates: coupling logic and promotion path

[Abstract] Objective In order to provide basis for physical fitness intervention of graduates in this city and similar areas, the coupling degree and improvement path of the constituent elements of physical fitness of primary and secondary school graduates in Nanjing are explored. Methods: 2021, 3553 students in Grade 6 of primary school, grade 3 of junior middle school and grade 3 of senior high school in Nanjing were randomly selected and tested according to the contents and methods of *the National student physical fitness standard* (2014). Results: The constitution elements of primary and secondary school graduates' physical fitness in Nanjing belong to medium coupling; the coupling degree of constitution elements of boys and girls changed from low grade to high grade. Boys increased and girls decreased. The order parameters of physical health of primary school, middle school and high school graduates in Nanjing are sit ups, body mass index and endurance runs respectively. Conclusion Primary school graduates in Nanjing should strengthen their core stability training, junior middle school graduates should improve their dietary structure and strengthen aerobic exercise, and senior high school graduates should improve their endurance quality.

Key words: basic stage; graduate; Physical health; Coupling degree

青少年缺乏运动会导致体质下降，慢性病发病率增加，严重阻碍我国经济和社会发展。男性青少年是军队的主要后备，他们承担着保家卫国的重任。青少年的体质问题，必将影响国家的长治久安。由此，青少年体质健康问题已经受到我国政府高度重视。2014 年教育部对现行《国家学生体质健康标准》(以下简称《标准》) 进行了修订，并下发了新的《标准》。《标准》明确指出：学生测试成绩评定达到良好及以上者，方可参加评优与评奖；成绩达到优秀者，方可获体育奖学金。测试成绩评定不及格者，在本学年度准予补测一次，补测仍不及格，则学年成绩评定为不及格。普通高中、中等职业学校和普通高等学校学生毕业时，《标准》测试的成绩达不到 50 分者按结业或肄业处理。”[1] 中小学毕业生的体质健康状况关系到评优获奖、学年成绩，还直接影响毕业。体质健康促进非短期行为，需要长期系统干预，必须依据毕业生的体质状况进行干预，同时能为非毕业生的体质教育提供明确的指引方向。

学生体质健康是一个整体概念，其构成要素包括身体形态、身体机能与身体素质。面对不同的对象，学生体质健康测试的内容存在差异，但是所有指标之间都是相互作用、相互影响的。过去的体质研究多以还原论为指导，分析和归纳影响学生体质的局部或个别因素入手，自下而上地提高学生体质，达到化零为整的效果，虽然取得了一些有价值的成果，丰富了体质理论和实践，但是局部不是孤立的，局部之间是相互影响，局部的行为受到整体的制约，整体与局部在存在性上是同等的，是相互依赖的。

人体一个复杂的系统，无论是青少年肥胖、耐力下降，抑或是力量不足都属于局部因素。局部因素并非孤立的，每一种局部因素都与其他局部因素保持一种耦合关系。耦合原本是物理学概念，是指两个（或两个以上）系统或要素通过各种相互作用而彼此影响的现象。耦合度是描述系统或要素相互影响的程度。[2] 研究并计算中小学毕业生体质健康耦合度，是从整体上把握、自上而下地认识青少年体质的发展规律，是对过去体质研究的丰富与发展。

1 对象与方法

1.1 对象

研究对象为南京市六城区所有公办、民办高中学校（含直属学校和区属高中学校）的小学六年级、初三年级、高三年级学生。所有检测年级均采取随机抽取50名学生（男女生各20名）的方式确定参加检测学生名单。最终，抽测80所学校（校区）3553名中小学学生。

1.2 方法

1.2.1 测试内容

测试的具体内容分为以下：X_1（身高：m）、X_2（体重：kg），X_3（体重指数）、X_4（肺活量：ml）、X_5（50m：s）、X_6（坐位体前屈：个）、X_7（小学毕业生为1分钟跳绳、初三和高三毕业生均为立定跳远）、X_8［小学毕业生为仰卧起坐，初三、高三毕业生为引体向上（男）/仰卧起坐（女）］、X_9［小学毕业生为50 m×8，初三、高三毕业生为1000 m（男）/800 m（女）］，$X_{总}$（体质总分）。

1.2.2 统计分析

采用Excel建立数据库并进行数据分析和计算。经K–S检验发现，所有数据呈正态分布。权威文献研究显示，灰色关联法适合计算耦合度：关联度γ_{0i}取值在0~1之间。$\gamma_{0i}=1$，说明体质构成要素相关性较大，两者的变化规律完全相同，单个指标间的耦合作用非常明显；当$0<\gamma_{0i}\leqslant 0.35$时表明为低度耦合，指标间耦合作用弱；$0.35<\gamma_{0i}\leqslant 0.65$表明具有中等耦合，指标间耦合作用中等；$0.65<\gamma_{0i}\leqslant 0.85$表明高度耦合，指标间耦合作用较强；$0.85<\gamma_{0i}\leqslant 1$为高关联，指标的相对变化几乎一致，耦合作用极强。[3]

2 结果

表8–1 南京市中小学毕业生体质构成要素耦合度

指标	小学六年级		初三年级		高三年级	
	男	女	男	女	男	女
X_1	0.451	0.517	0.581	0.480	0.661	0.445
X_2	0.476	0.514	0.477	0.461	0.651	0.415
X_3	0.489	0.499	0.603	0.493	0.636	0.442
X_4	0.487	0.484	0.576	0.455	0.616	0.397
X_5	0.488	0.487	0.586	0.430	0.629	0.431
X_6	0.520	0.448	0.593	0.450	0.632	0.469

续表

指标	小学六年级		初三年级		高三年级	
	男	女	男	女	男	女
X_7	0.479	0.538	0.531	0.445	0.619	0.448
X_8	0.540	0.541	0.381	0.425	0.471	0.433
X_9	0.518	0.496	0.565	0.475	0.686	0.478
平均	0.494	0.502	0.544	0.457	0.622	0.440

注：X_{1-9} 分别代表不同年级的体质测试指标。

表 8–1 揭示，总体上，小学六年级男生的体质构成要素之间的耦合度平均为 0.494，女生为 0.502。依据耦合度的标准，小学六年级男女生体质构成要素的耦合度属于中等耦合。小学生六年级男生的仰卧起坐与其他体质构成要素耦合度最高，为 0.540；身高与其他体质构成要素的耦合度最低，为 0.451。女生也是仰卧起坐与其他体质构成要素耦合度最高，为 0.541；体前屈与其他体质构成要素耦合度最低，为 0.448。

表 8–1 揭示，总体上，初三年级男生的体质构成要素之间的耦合度平均为 0.544，女生为 0.457。依据耦合度的标准，初三年级男女生体质构成要素的耦合度属于中等耦合。

初三年级男生的体重指数与其他体质构成要素耦合度最高，为 0.603；引体向上与其他体质构成要素的耦合度最低，为 0.381。女生的体重指数与其他体质构成要素耦合度最高，为 0.493；仰卧起坐与其他体质构成要素耦合度最低，为 0.425。

表 8–1 揭示，高三年级男生的体质构成要素之间的耦合度平均为 0.622，女生为 0.440。依据耦合度的标准，高三年级的学生体质构成要素的耦合度均属中等耦合，但男生接近高度耦合。

高三年级 1000m 与其他体质构成要素耦合度最高，为 0.686；引体向上与其他体质构成要素的耦合度最低，为 0.471。女生的 800 m 与其他体质构成要素耦合度最高，为 0.478；肺活量与其他体质构成要素耦合度最低，为 0.397。

3 讨论

当系统构成要素相互促进时为良性耦合，具有正外部性；当系统构成要素相互制约甚至拮抗时为恶性耦合，具有负外部性。[4] 体质健康构成要素耦合度越高，体质越好；反之越差。

3.1 体质构成要素耦合度的年龄效应

比较发现，男生、女生的体质构成要素的耦合度从低年级到高年级的变化趋势存在差异，男生是递增，而女生是递减。可见，随着年龄的增长，体质健康构成要素的耦合度呈现明显的性别差异。体质健康构成要素的耦合度越高，说明要素之间的相互促进、相互依赖更强，由此产生正外部性，体质越强。究其原因，在青春期之前，男女生体质差异较小。青春期阶段男生体内分泌的大量的性激素，导致蛋白质合成加速，肌肉增大，氧运输能力增强，体质构成要素的耦合度增加。

3.2 提升青少年体质构成要素的耦合度的共同措施

青少年的体质构成要素耦合度的提升，有助于体质的增强。那么如何整体改善体质构成要素的耦合度？

首先是锻炼内容丰富。每一位运动员都有自己的专项，经过长期专项化的训练后，形成特殊的体型，但对健康产生一定不利的影响。许多运动员伤病缠身，主要是训练的手段过于单一，导致身体非均衡发展。为了规避竞技体育极端训练带来的弊端，青少年体质构成要素的耦合度提升的在于锻炼形式多样化。体育锻炼中要有不同运动形式，包括周期性运动，如各种快跑、快速立姿推杠铃及各种力量训练，如卧推、深蹲等；混合多元练习，如跑跳组合练习。固定组合练习，如有氧健身操、武术中成套的自选拳；还有变异组合练习，如篮球、足球比赛，散打、柔道对抗赛等。

其次是多种强度交替练习。不是适宜的运动强度，就不会对机体产生合理的刺激，就不能产生超量恢复，人体的运动能力则不能提高。而持续不断的增加强度，机体内会产生大量的酸性物质，也会影响健康。因此，需要依据体质、阶段的和锻炼目的的不同，对负荷强度的安排有一定侧重。

最后是锻炼方法多样。训练方法一般分为：间歇训练法、持续训练法、分解训练法、完整训练法、循环训练法及比赛训练法，日常体育锻炼应依据不同的训练的目的内容，选择合适的训练方法。

总之，体育锻炼必须使青少年体质构成要素合理配置，形成时间上的多时序配置，空间上多区域组合，内容上多元化组合，方法上多层次并用的耦合结构。如此，才能整体改善体质构成要素的耦合度，进而改善体质健康。

3.3 南京市青少年体质构成要素的耦合度个性化路径

由于自组织机制和序参量的存在，人们不必去调节每一个要素，而通过调节几个序参量就能实现优化一个具体的复杂系统的结构和功能。调节体质构成要素的耦合度同样如此，不同群体存在不同的序参量，即与其他耦合度较高的指标，通过提升其能力可以盘活和改善体质构成要素的耦合度。

3.3.1 提升小学生六年级体质构成要素耦合度的主要路径——提升核心稳定性

研究结果显示，小学六年级学生的仰卧起坐与其他体质构成要素的耦合度最高，因此可以认为仰卧起坐是序参量。仰卧起坐是评估人体核心稳定性的主要指标，也是提高人体核心稳定性的训练措施。核心部位是人体运动的起点，人体一切运动自核心部位开始。核心部位还是人体运动的纽带，连接和整合全身近端和远端的力量，实现运动功能的效益最大化。仰卧起坐能力在很大程度上反映着人体核心稳定性水平，核心稳定性又与人体整体运动能力紧密相关。因此，仰卧起坐与其他体质构成要素的耦合度最高。由此，小学生六年级学生首先应抓好核心稳定性训练，不仅可以提高整体体质，还能为将来的体育锻炼打下坚实的基础，避免运动损伤。在运动康复和竞技体育领域，核心稳定性训练的理论和实践十分成熟，对相关人群的康复和竞技水平起到至关重要的作用。未来小学毕业生应加强核心稳定性训练，促进体质健康提升。

3.3.2 提升初三年级体质构成要素耦合度的主要路径——降低体重指数

研究结果显示，初三年级学生的体重指数与其他体质构成要素的耦合度最高。体重指数是国际上常用的衡量人体胖瘦程度及是否健康的一个标准，也是《标准》规定的测试项目之一。当需要比较及分析普通人群的体重对于不同高度的人所带来的健康影响时，体重指数值是一个可靠的指标。初三年级学生的体重指数的改善，可以促进体质构成要素的耦合度。体重指数通常有偏高、偏低和正常三种情况。体重指数偏高主要包括肥胖和超重，进食速度、饮食结构、运动不足和熬夜均可导致体重指数偏高。儿童青少年超重肥胖问题比消瘦和生长迟缓问题更为突出，已经成为一个重大的公共卫生问题，亟须解决。[5]

降低体重指数主要依靠营养摄入与体育锻炼结合。目前，我国有相当一部分的中小学生饮食结构不合理，每日饮水量未达标准，有近 1/3 的学生不吃早餐及营养摄入不均衡。[6] 有些家长饮食观念落后，家庭膳食结构不合理，会使得孩子营养摄入不均衡，从而导致体质下降；经常食用高热量食物、零食及含糖饮料等也会使孩子养成不良的饮食习惯。因此，必须对学校膳食和校内食品店实施营养标准，限制学校食堂、超市和自动贩卖机对学生销售相关高脂肪高盐和高糖食物，增加对蔬菜和水果的供应，同时对学校周边的不健康食品流动摊位进行清理，以保障学生饮食环境的相对健康。[7] 要求学生平时进行一周三次的有氧运动，如登山、游泳、骑自行车、远足等 50min 以上中等强度运动，保障足够睡眠。

体重指数偏低的学生多伴有营养不良，宜进食易消化的高蛋白、高热量的食物，全面均衡地摄入膳食营养。当然体重指数异常合并其他疾病则须遵照医嘱。

3.3.3 提升高三年级体质构成要素耦合度的主要路径——促进耐力素质

高三年级学生的 1000 m（男）/800 m（女）与其他体质构成要素的耦合度最高。说明，改善高三学生的耐力水平可以促进其体质构成要素的耦合度。耐力训练效应提升需要长期系统地进行，主要是坚持有氧训练与无氧阈训练相结合。

首先，心理建设方面。训练和测试前应告知学生“极点”现象是正常的现象。由于内脏器官和运动器官的非同步性，在剧烈运动后，人体会出现呼吸困难、肌肉酸痛、动作迟缓进而导致情绪低落。因此，在耐力训练之前，提前告知学生可能出现的“极点”现象的心理建设，预先动员神经系统能有效抵御耐力跑的痛苦带来的恐慌。

其次，将耐力活动生活化。高科技给现代人带来极大的便利，同时也形成了久坐不动的生活方式。尤其是意志薄弱的青少年，他们视屏时间延长、用眼过度，导致视力下降，同时身体锻炼的时间缩短。提高青少年耐力水平，不应仅依靠体育锻炼，还应在日常生活中保持一定的体力活动水平。例如，依据各地实际，硬性规定一定范围内，强令禁止私家车接送上下学，提倡步行上下学，或尽可能使用公共交通工具。学校五层楼以下全校禁止使用电梯，从校领导到普通学生一视同仁。节假日期间，与家长取得一致，坚持让学生参与家务劳动。只要将耐力活动融入日常生活才能将耐力训练落到实处。

最后，将耐力活动制度化。教育部新修订的《标准》将体质测试结果纳入学业成绩考核中，有力地促进了青少年学生积极参与体育锻炼。这对上进心强的学生有促进作用，然而并非所有的学生都追求进步。“为了每一个学生”能全面提升耐力水平，还应将体力活动形成制度，并将体力活动制度与班级管理制度、生活管理制度、作息制度、安全教育制度等融合起来，做到融会贯通，无处不在。例如，高三阶段乃至整个学习阶段形成耐力跑打卡制度，坚持每日锻炼，形成制度化。安全教育时，注入耐力训练安全事故案例宣讲，杜绝熬夜后长跑或剧烈运动，必须早充分的准备活动后才能进行耐力训练，患病时避免剧烈运动，有心血管遗传病史可申请免测等，避免发生意外事故。诸如此类，将耐力训练与学校制度融合在一起，让校园内耐力训练蔚然成风，使得耐力跑成为青少年学生生活中不可缺少的组成部分，像空气一样无处不在。

参考文献

[1] 教育部．国家学生体质健康标准（2014 年修订）》的通知 [ED/OB]．(2014-7-7)[2022-7-22].http://www.moe.gov.cn/s78/A17/twys_left/moe_938/moe_792/s3273/201407/t20140708_171692.html.

[2] 曹惠民．基于耦合理论的城市基层社区治理研究 [J]．探索，2015（6）：93-97.

[3] 张金亭，董艳超，方斌．基于灰色关联法的耕地后备资源供需耦合分析 [J]．地域研究与开发，2020，39（1）：163-167，174.

[4] 邹伟进，李旭洋，王向东．基于耦合理论的产业结构与生态环境协调性研究 [J]．中国地质大学学报（社会科学版），2016，16（02）：88-95.

[5] 李丽，王惠君，欧阳一非，等．中国九省儿童青少年 2000—2018 年营养状况 [J]．中国学校卫生，2021，42（12）：1789-1792.

[6] 沈艳辉，姜秀春，孟毅，等. 2017 年北京市中小学生营养状况及饮食行为分析 [J]. 现代预防医学，2019，46（1）：40–43，57.
[7] 中华人民共和国教育部，中华人民共和国国家市场监督管理总局，中华人民共和国国家卫生健康委员会.《学校食品安全与营养健康管理规定》(2019–03–20) [2022–7–22].http://www.moe.gov.cn/srcsite/A02/s5911/moe_621/201903/t20190311_372925.Html.

第 9 章　竞技体育与犯罪率动态关联研究

学习导语

公安部门的调查数据显示，凡是在城市中有重大体育比赛或电视转播重大国际比赛，城市的犯罪率明显下降，说明竞技体育有抑制社会犯罪的作用。但任何事物具有两面性，当竞技体育与经济利益和政治利益交织在一起，加之制度建设严重滞后，竞技体育犯罪的事实和报道屡见不鲜。这些竞技体育相关的犯罪行为严重践踏公平和正义，危害了竞技体育的可持续发展。鉴于此，发展竞技体育是否真的能够降低犯罪率是一个悬而未决的命题，竞技体育与违法犯罪的关系尚无定论。本章利用世界冠军和逮捕率、公诉率的相关代理变量，系统考察竞技体育对犯罪率的影响，明晰二者内在联系和制约因素，丰富体育社会学和犯罪学理论，为推动我国竞技体育健康发展和降低犯罪率提供实际参考。

基于竞技体育对犯罪率净影响的不确定性，本章以中国 1998—2020 年的年度数据为样本，探索我国竞技体育与犯罪率的数量关系。为了验证世界冠军项目数、人数和个数的增长速度的内部一致性，本章利用灰色关联法计算其间的关联度，关联度越大，说明三者的增长速度越同步。

研究发现：我国竞技体育发展结构失衡。我国世界冠军的项目数负增长，世界冠军的个数和人数正增长。需要引起国家高度重视的是，我们的夺金点正在减少。我国竞技体育与犯罪率中等关联，世界冠军的人数、项目数与犯罪率的环比增长速度高度相关。据此提出优化竞技体育发展环境，开展特色竞技体育，降低犯罪率发展思路。树立科学的金牌观、建立竞技项目的均衡发展战略、淡化运动成绩的经济价值、鼓励非优势项目进校园和社区、开展特殊的竞技体育，降低犯罪率。

[摘要]基于竞技体育对犯罪率净影响的不确定性，本章以中国1998—2020年的年度数据为样本，探索我国竞技体育与犯罪率的数量关系。研究发现：我国竞技体育发展结构失衡。我国世界冠军的项目数负增长，世界冠军的个数和人数正增长。我国竞技体育与犯罪率中等关联。世界冠军的人数、项目数与犯罪率的环比增长速度高度相关。据此提出优化竞技体育发展环境，开展特色竞技体育，降低犯罪率发展思路。

关键词：竞技体育；犯罪率；影响

The dynamic relationship between competitive sports and crime rate

Fan kaibin[1,2]

(1.School of Sports Training, Nanjing Sport Institute,Nanjing 210046,China; 2.Jiangsu Sports and Health Engineering Collaborative Innovation Center, Nanjing 210014,China)

[Abstract] Based on the uncertainty of the net impact of competitive sports on the crime rate, the impact of competitive sports on the crime rate is explored by taking the annual data of China from 1998 to 2020 as a sample. It is found that the development structure of competitive sports in China is unbalanced. The number of world champions increased negatively, while the number and number of world champions increased positively. There is a moderate correlation between competitive sports and crime rate in China. The number of world champions and the number of events are highly correlated with the month on month growth rate of crime rate. Accordingly, it is put forward that the development environment of competitive sports should be optimized, to develope characteristic competitive sports and reduce the crime rate.

Key words: competitive sports; Crime rate; influence

1 问题的提出

竞技体育有抑制社会犯罪的作用。研究表明：没有运动竞技经历的青少年行为失范人数较多。湖南省 118 名少年犯和失足青少年在小学阶段参加过校级代表队训练的仅有 2 人，在中学参加校级代表队训练仅 1 人。国际竞技比赛可以促进不同种族的交往，增进友谊和团结，同时发泄了战斗的热情，减少战争犯罪。古希腊的“握手言和”，即奥林匹克休战最初是为了各国运动员安全抵达赛场。如今它已经成为人类希望建立一个以公平的竞争规则、和平、人道与和解为基础的世界的一种表现。公安部门的调查数据显示，凡是在城市中有重大体育比赛或电视转播重大国际比赛，城市的犯罪率明显下降。法国的马赛市犯罪率全国排名第二，于是该市采纳了社会学家的建议修建了许多运动场，让孩子都参加运动，结果青少年的犯罪率显著下降。[1]

任何事物具有两面性。当竞技体育与经济利益和政治利益交织在一起，加之制度建设严重滞后，竞技体育犯罪的事实和报道屡见不鲜。竞技体育犯罪是指：在竞技体育运动过程中，竞技运动的参与者或相关人员实施的，严重侵害了社会公共利益及相对方的合法权益，扰乱了竞技体育正常的竞赛秩序，违反刑事法律规定的犯罪行为和具有严重社会危害性的越轨行为。[2]“天下熙熙，皆为利来；天下攘攘，皆为利往。”竞技体育具有较强的功利性和政治色彩，少数人和集团出于对金钱和名誉的贪婪和无底线的追求，导致赛场内外的球场暴力、运动员暴力、兴奋剂、假球、黑哨，赌球、年龄欺诈、体育经纪人和体育俱乐部违法违规操作的事件屡见不鲜。

日常行为理论（routine activity theory）和犯罪模式理论（crime pattern theory）揭示[3]，异常事件易导致犯罪，大型体育比赛改变了社会结构。犯罪者和受害者在时空上有更多交叉，犯罪率大幅度增加。通过检查警方记录的大型体育赛事之前、期间和之后的犯罪数据，2012 年伦敦奥运会和 2016 年里约热内卢夏季奥运会的犯罪率高且犯罪类型各异。相比之下，北京奥运会和非奥运会相关区域的犯罪率非常少，而在伦敦、里约热内卢的抢劫和自行车盗窃案有所增加，主要是因为游客增多所致。这些竞技体育相关的犯罪行为严重践踏公平和正义，亵渎奥林匹克精神，危害了竞技体育的可持续发展。人们开始怀疑竞技体育的社会价值。

鉴于此，发展竞技体育是否真的能够降低犯罪率是一个悬而未决的命题，竞技体育与违法犯罪的关系尚无定论。当然，已有的研究主要从理论分析的角度对竞技体育与违法犯罪的关系进行探讨，鲜见定量研究；少有的定量研究也多以个案研究或调查问卷的形式，以国家为对象的中长期的研究较为罕见。本文将采用1998—2020年中国22年的经验数据，利用世界冠军和逮捕率、公诉率的相关代理变量，系统考察竞技体育对犯罪率的影响，以期明晰二者内在联系和制约因素，丰富体育社会学和犯罪学理论，为推动我国竞技体育健康发展和降低犯罪率提供实际参考。

2 评价指标与数据来源

要探究我国竞技体育与犯罪率的关系，须找到反映我国竞技体育和犯罪率的典型指标。为准确反映两者的关系，本研究在坚持科学性、可获得性和简明性原则基础上，主要借鉴和参考权威文献中的相关指标。

2.1 评价指标遴选

2.1.1 关于竞技体育的评价指标

关于竞技体育的评价指标，本研究采取参考文献和理论分析结合进行。文献调研表明：竞技体育的评价以运动成绩为主要标准，具体指标为“全运会奖牌总数”或全运会团体总分。李安娜“以第11届全运会奖牌总数作为主要研究变量，对我国省域经济发展水平与省域竞技体育实力的相关性进行探析。”[4]曾鸣“用第十二届全运会的成绩代表省域竞技体育实力，研究经济因素对省域竞技体育实力的影响。”[5]更早的研究还有夏崇德，何志金、陈颇、等人采用“2001年各区域生产总值等指标与竞技体育息息相关的全运会成绩（以中华人民共和国第九届运动会成绩为例），探讨社会经济与竞技体育之间的关系。”[6]可见，运动成绩代表竞技体育已成为学术界的共识。

目前，反映我国的竞技体育的典型指标主要是与经济社会同期的全运会成绩。全运会是我国竞技水平最高、各省市、自治区、直辖市最为重视的综合性运动会，选取全运会成绩衡量竞技体育的指标有较强的代表性。但是不可忽视的是，全运会成绩时效性强，加之东道主效应，地域性及政治、经济社会发展水平等因素糅杂在一起，对全运会成绩影响较大，研究结果的偶然性陡增，致使研究结论愈发扑朔迷离。本文考虑的是，我国作为一个整体，考察竞技体育与犯罪率的关系不应以具体年份的某个区域或省份的全运会成绩为主要依据，应以国家对外的最高水平竞赛的成绩为标准。代表国家参赛的最高水平竞赛获得的最高荣誉主要有奥运冠军、世界冠军。奥运会是世界最高水平的综合性运动会，奥运会成绩无疑是代表一个国家的最高竞技体育水平。但是奥运冠军每四年一届，数量稀少、连续性较差，国家权威的中国统计年鉴并未将奥运会成绩纳入。但世界冠军每年都产生，具有很好的连续性，且在《中国统计年鉴》内能获取。因此，基于可获得性和代表性的双重考虑，本研究将世界冠军作为我国竞技体育的典型变量。

2.1.2 犯罪率的评价指标

犯罪率的评价指标在不同研究中存在差异。郭冬梅、李昕、刘春晓等人使用“每万人批捕的各类刑事犯罪嫌疑人数(arrest)和每万人提起公诉的各类刑事犯罪嫌疑人数(sue)”表示犯罪率，以此研究房价上涨、财富不均对城市犯罪率的影响。[7] 李卫兵、张凯霞以“每万人中检察院刑事逮捕人数和起诉人数来衡量刑事犯罪率，以每万人中检察院暴力犯罪逮捕人数和起诉人数来衡量暴力犯罪率,”以断点回归方法论证空气污染对不同类型犯罪率的影响。[8] 刘博敏、杜建军、汤新云以检察院公诉率作为犯罪率的替代指标（用城市检察院起诉人数比常住人口数量来表示），研究新型农村合作医疗制度对犯罪率的影响。[9] 章友德、杜建军、徐吟川选用检察院起诉人数比常住人口数量得出的检察院起诉率（起诉人数／万人）来度量犯罪率，以发现城市社会保障二元结构与犯罪率的关系。[10] 陈刚、李树以“每万人中人民检察院批准逮捕的刑事犯罪嫌疑人数和每万人中人民检察院提起公诉的刑事犯罪嫌疑人数这两个指标来度量中国的犯罪率”，以论证教育对犯罪率的影响。[11] 以上有多以检察系统出具的统计数据为准，鉴于公安、检察院和法院记录的犯罪数据在横向和纵向上高度相关，本研究拟采用一个部门的统计数据。另外，竞技体育与教育社会价值存在一定的共通之处。因此，本研究引用陈刚、李树的“每万人中人民检察院批准逮捕的刑事犯罪嫌疑人数和每万人中人民检察院提起公诉的刑事犯罪嫌疑人数”这两个指标来度量中国的犯罪率。[11]

2.2 数据来源

本文所用的数据中，人民检察院逮捕率和公诉率的刑事犯罪嫌疑人数摘自 1998—2020 年的《中国检察年鉴》；世界冠军的数据摘自 1998—2020 年的《中国统计年鉴》，统计年鉴的世界冠军从 1978 年统计，而逮捕率和公诉率的数据自 1998 年始，为了保持一致性，世界冠军的数据同样取自 1998—2020 年。

3 实证研究及相关分析

3.1 我国竞技体育发展的动态分析及其恶果

以 1998 年我国世界冠军的项目数为 75 项，获得世界冠军的人数是 89 人，取得世界冠军的个数为 83 个。2020 年，世界冠军的项目数、人数、个数分别为 3 项、4 人、4 个。1998—2020 年期间，世界冠军的项目数、人数和个数的平均增长量分别为 −3.27、−3.86、−3.59，三者的平均增长率分别是 −13.61%、−13.15%、−12.88%。由此可以看出，1998—2020 年间，我国世界冠军下降幅度最大的是人数，下降速度最快的是项目数。当然，2020 年受到新型冠状病毒感染影响较大，世界大赛数量大幅度缩减导致世界冠军的数量急剧下降。因此有必要对上一年世界冠军的发展动态进行分析，以最大限度地降低特殊年份干扰。

表 9-1　我国世界冠军动态发展表（1998—2020 年）

世界冠军	水平指标			2019 年平均指标		2020 年平均指标	
	1998	2019	2020	增长量	增长率	增长量	增长率
项数	75	33	3	−2.00	−3.83%	−3.27	−13.61%
人数	89	305	4	10.29	6.04%	−3.86	−13.15%
个数	83	128	4	2.14	2.08%	−3.59	−12.88%

以 2019 年为例，我国取得世界冠军的项目数为 33 项，取得世界冠军的人数为 305 人，取得世界冠军的个数为 128 个，与 1998 年比较，平均增长量分别为 −2.00、10.29、2.14，平均增长率分别为 −3.83%、6.04%、2.08%。我国世界冠军的项目数平均增长量和平均增长率同样是负数，而我国世界冠军的人数和个数的增长量为正数。说明，1998—2019 年间，我国世界冠军的项目数持续降低，而世界冠军的人数和个数却在不断增长。

为了验证世界冠军项目数、人数和个数的增长速度的内部一致性，本研究利用灰色关联法计算其间的关联度，关联度越大，说明三者的增长速度越同步。计算表明：我国运动员获得项目数与人数、个数的关联度分别为 0.225、0.216，而人数与个数的关联度为 0.476。这表明：我国获得世界冠军的项目与人数、个数之间的关联度为低度关联，即它们之间的相关度低，存在各自为政的现象。而世界冠军的人数与个数关联度接近中等关联。有理由推测，运动员获得世界冠军的次数的人群较为集中，他们很可能是同一批人参加不同的世界大赛获得同项目的世界冠军。

世界冠军的项目、个数、人数理应协调发展。现状是：1998—2020 年我国获得世界冠军的项目数在持续下降，而运动员获得世界冠军的人数和个数却在持续上升，以世界冠军的人数为最。说明我国竞技体育发展结构严重失衡亟待完善。2016 年国家体育总局发布的《竞技体育“十三五”规划》指出：“竞技体育在项目结构上发展不均衡的现象依然存在，优势项目提升空间有限，潜优势项目整体缺乏后发优势和潜力，基础项目和‘三大球’以及冬季项目整体水平较低。”我国体育“十四五”规划强调指出目前的困境和挑战是：“竞技体育的体制机制与经济社会的发展不相适应，运动项目发展不均衡、核心竞争力不强等问题依然存在。”国务院办公厅印发的《体育强国建设纲要》指出：体育强国的战略目标之一是，到 2035 年，“夏季项目与冬季项目，男子项目与女子项目，职业体育与专业体育，‘三大球’项目与基础大项等实现均衡发展。”

本研究发现，1998—2020 年我国世界冠军项目数呈现负增长，夺冠的人数和个数正增长，说明我国竞技体育的伟大成就仅仅依靠少数几项优势项目，虽然这少数几项优势项目的优秀运动员越来越多，具备雄厚的人才基础。但需要引起国家高度重视的是，我们的夺金点正在减少。项目结构失衡不仅是现阶段我国竞技体育发展的桎梏，也是未来竞技体育危机的重要诱因。

竞技体育非均衡发展最大的恶果是内耗严重。我国少数运动项目水平越来越高，高水平运动员越来越多，内部竞争趋于白热化。某些项目的省市队的水平超过了其他国家的最高水平。如此，从事少数优势项目在我国很难取得优异的运动成绩。一旦没有运动前景或前途渺茫，运动员极可能放弃并重新选择运动项目，优势项目的运动员数量将锐减，严重制约优势项目的可持续发展，而且会影响其他项目发展。

我国竞技体育发展的高额成本已经遭到各方面的质疑和诟病。训练器械设备，外出比赛，日常膳食，高水平保障团队等均需大量的经济投入。由于优势项目能带来巨大的社会、政治和经济效应，在不良政绩观和金牌观的双轮驱动下，大量的人力、物力、财力转移至优势项目，非优势项目的发展将面临危机，有些地区甚至成建制地取消部分非优势项目。长此以往，项目结构失衡将影响我国整体竞技体育发展。

3.2 我国竞技体育与犯罪率的动态关系

较有说服力的是2019年的犯罪率与世界冠军比较。以1998年为基点，我国逮捕率和公诉率分别累计增加了17.25万人、98.82万人。其中，逮捕率平均增长量为0.82，平均增长率为1.16%；公诉率平均增长量为4.71，平均增长率为4.60%。比较发现，公诉率的增长量大于逮捕率，公诉率的增速同样快于逮捕率。

表9–2 我国犯罪率动态分析表（1998—2020年）

犯罪率	水平指标			2019年平均指标		2020年平均指标	
	1998	2019	2020	增长量	增长率	增长量	增长率
逮捕率	59.81	108.85	77.06	5.44	1.66%	0.82	1.16%
公诉率	58.48	181.88	157.30	9.09	0.69%	4.71	4.60%

1998—2019年，我国世界冠军的项目数的增长量是−2，世界冠军个数增长量是2.14，均低于逮捕率和公诉率。但是，世界冠军的人数的增长量为10.29，明显高于逮捕率和公诉率。

我国世界冠军的项目数的平均增长率为−3.83%，逮捕率和公诉率的增长率分别为1.66%、0.69%，我国世界冠军的项目数增长率低于逮捕率和公诉率。我国世界冠军的人数和个数增长率分别为的6.04%、2.08%，均高于逮捕率和公诉率。

为了更为直观地反映竞技体育与犯罪率的动态关系，按照惯例本研究以世界冠军项目数、人数和个数的环比发展速度反映我国竞技体育发展速度，将其与逮捕率和公诉率的环比发展速度作为犯罪率发展速度比较，以此测度我国竞技体育与犯罪率的动态关系。依据《中国统计年鉴》（1998—2020年），能整理计算得出这22年来我国世界冠军项目数、个数和人数环比发展速度，以及我国逮捕率和公诉率环比发展速度，据此绘制中国竞技体育与犯罪率的发展测度图（如图9–2所示）。

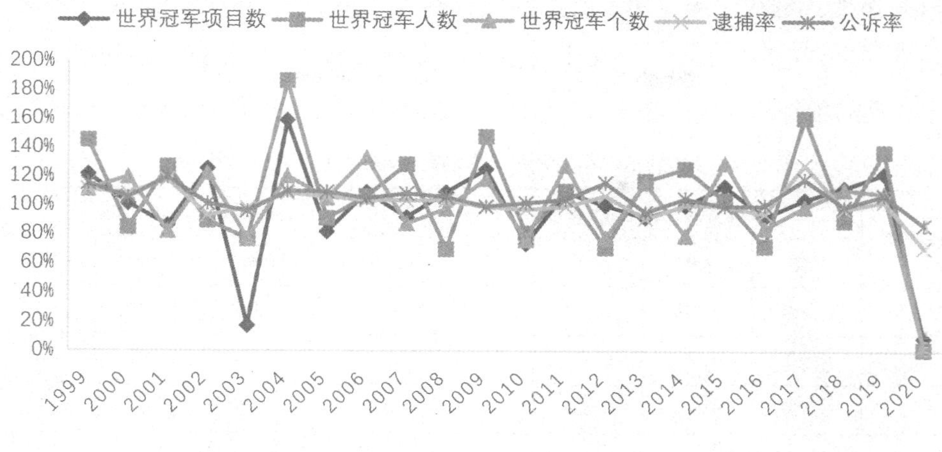

图 9–2　我国竞技体育和犯罪率环比发展速度图（1998～2020 年）

图 9–2 揭示，竞技体育发展速率与犯罪率的发展速率较匹配。其中，逮捕率和公诉率的匹配度较高，世界冠军项目数、个数和人数三者之间的匹配度较低。

有几个特殊的年份值得注意。图 9–2 表明，世界冠军项目数变动较大的年份是 2003 年、2004 年、2020 年。世界冠军的人数变动较大的年份有 1999 年、2003 年、2004 年、2009 年、2017、2019 年及 2020 年，世界冠军个数变动幅度相对较小。2003 年是“非典”，2020 年是“新冠”，重大传染病疫情危害人们健康，控制传染源和切断传染途径是传染病防治主要措施。竞技体育的聚集性是增加传染途径，促进传染病的传播。所以，重大疫情肆虐时期许多世界大赛停办，由此 2003 年和 2020 年我国运动员夺得世界冠军的项目数迅速减少。

2004 年世界冠军的项目数、人数出现反弹式提高，并非是 2004 年的世界冠军比其他年份多，主要的原因是 2003 年过少，环比则提高。2009 年和 2017 年的世界冠军人数出现新高，可能是由于 2008 和 2016 年是奥运年，奥运会是四年一届，奥运会是检验国家综合实力的标志之一，许多国家在积极备战奥运。当年的世界大赛相对减少。奥运会结束后，我国运动员又开始新一轮奥运备战，开始积极参加世界大赛，取得世界冠军的人数相应增多。

竞技体育与犯罪率的增长速度的关系分为两种情况，一种是环比增长速度的关系。环比增长速度是指逐期增长速度，即相邻年份之间的比较。定基比增长速度是指，考察整个过程中的增长速度。表 9–3 揭示，我国竞技体育与犯罪率的环比增长速度、定基比增长速度的关联度分别为0.496、0.347，均属于中等关联（$0.3 < \gamma_{0i} \leqslant 0.5$）。说明，总体上我国竞技体育与犯罪率在无论在相邻年份，还是中长期的增长速度呈中等相关。验证了竞技体育对犯罪率具有影响的理论假设。

表9–3 我国竞技体育与犯罪率动态关联度（1998—2020年）

关联矩阵	世界冠军环比增长速度				世界冠军定基比增长速度			
	项数	人数	个数	均值	项数	人数	个数	均值
逮捕率	0.487	0.576	0.333	0.465	0.205	0.355	0.460	0.340
公诉率	0.552	0.650	0.379	0.527	0.257	0.360	0.442	0.353
均值	0.520	0.613	0.356	0.496	0.231	0.358	0.451	0.347

具体而言，我国运动员获得世界冠军的人数和项目数的环比增长速度对犯罪率的环比增长速度的影响较大，其关联度分别为0.613、0.512，属于高度关联（$0.5 < \gamma_{0i} \leqslant 0.8$）。其次是世界冠军，关联度为0.512，同为高度关联。而世界冠军个数的增长速度与犯罪率的环比增长速度的关联度为0.356，为中度关联。说明，竞技体育与犯罪存在瞬时效应较强，其中发展世界冠军的人数和项目数与犯罪率环比增长速度高度相关。相比之下，我国竞技体育与犯罪率定基比增长速度之间关联度相对较弱，世界冠军的项目数、人数与个数的定基比增长速度与犯罪率的定基比增长速度的关联度分别为0.231、0.358、0.451，其中世界冠军的项目数与犯罪率的定基比增长速度之间为低度关联，其他为中度关联。说明，中长期范围内，竞技体育与犯罪率呈中低度相关。

4 进一步的思考

科学巨匠钱学森指出："人与生物的本质区别在于，人不仅是一个开放的复杂的巨系统，而且人是有意识的。"人与外界具有密切的联系，能动地将外界的影响内化为自己的行动。人之所以会犯罪，同样是受到外界的影响，不同的人由于家庭背景、社会环境及内心的修养不同，人生的抉择和道路同样不同。绝大部分人会遵守社会规则，对法律和社会规范充满敬畏之心；有些人一边遵守社会规范，内心有所抵触，但行为不越雷池一步；而有些人则反人类、反社会，对社会的影响做出粗暴的反应——违法犯罪。竞技体育作为人类实践活动，具有正外部性和负外部性，也具具有犯罪的预防和扩张效应。要想通过发展竞技体育减少犯罪率，就要放大竞技体育的正能量，减少负能量，需要从外至内，由表及里的，从认知到心灵，结合我国竞技体育动态分析实际，制定一个目标明确、重点突出和阶段分明的竞技体育发展战略。如何通过发展竞技体育降低犯罪率？本研究的思路是优化我国竞技体育发展的环境，实现竞技体育项目均衡发展，在犯罪倾向者中开展特色的竞技体育，降低其犯罪动机和能力。

4.1 竞技体育非均衡发展及其与犯罪的联系

依据竞技体育动态分析研究结果，我国竞技体育的结构性矛盾主要体现在世界冠军项目数、人数和个数之间，我国运动员在世界大赛上夺取世界冠军的项目数在不断地减少，有限的项目中的运动员人数、个数却在不断增长。结构—供能理论认为：社会的每个事物、现象、过程及其内部的各个部分、要素和环节是相互联系、彼此制约的。任何事物都是由各个要素彼此联系组成的有机整体。反映竞技体育的世界冠军项目数、人数和个数是一个整体，内部要素必须协调发展，世界冠军项目减少，人数、个数增多的非均衡发展必然导致我国优势竞技项目的内耗严重。资源过于集中，不仅不利于优势项目的可持续发展，同时对整体竞技体育的不良冲击难以估量。

首先，树立科学的金牌观。延伸到世界大赛上，只要奋勇拼搏的，即使没有拿到奖牌的项目运动员，也一样值得尊敬和表扬。由此，各级政府和主流媒体应树立科学的金牌观，并制定相关的政策和制度，鼓励运动员从事弱势项目和“潜”优势项目发展或弱势项目的训练和竞赛。

其次，应建立竞技项目的均衡发展战略。体育主管部门顶层设计制定政策时，既要保持优势项目的夺金点，还要增加非优势项目拓展面。各地应依据自身实际，确立优势项目和“潜”优势项目、弱势项目。鼓励同项群的优势项目运动员合理流动，精准预测优势项目人数。适当限制优势项目的人数，带动非优势项目发展，形成“百花齐放、争奇斗艳”的竞技体育项目发展格局。

盲目的金牌观和政绩观不仅不利于竞技体育的协调发展，还易产生急功近利的思想，滋生违法犯罪。考察和提拔体育部门领导干部，金牌数和奖牌数是一个重要依据，但不是唯一的依据。体育事业还包括国民体质、全民健身、体育产业等诸多方面，不应唯金牌，唯成绩。错误的金牌观、政绩观必然导致比赛过程中出现各种严重问题。浙江省体育局原局长陈培德曾严正地指出全运会的四大问题：

“第一，可以破纪录的项目（如田径），主要通过服用兴奋剂来提高成绩。第二，吹哨的项目（如足球），主要通过收买裁判来获取胜利。第三，打分项目（如体操），就是提前做好中心领导和裁判的工作，实现金牌内定的目的。第四是在运动员参赛资格上，有些是没有按照正常程序操作的雇佣军，还有些则在年龄上做手脚。我觉得这四点，就是全运会的主要问题。”[12]

第三，鼓励非优势项目进校园、进社区。竞技体育与学校体育、社会体育需要协调发展，虽然我国竞技体育取得巨大的成就，但如果竞技体育始终脱离于学校体育、社会体育，与全民健身脱节，竞技体育将丧失发展的根基和沃土。事实证明，在这种急功近利的发展观左右下，无论全民健身，还是高水平竞技体育都不能得到可持续发展。[13]通过非优势项目进校园、进社区，不仅可以增加民众体育锻炼的内容，避免体育锻炼的过度集中，增加体育锻炼的趣味性和选择性，增强学生体质和国民体质，提升学校体育和社会体育的水平，还可以发现更多的竞技体育人才，增加非优势项目夺金点和人数，并降低犯罪率。

4.2 开展特殊的竞技体育，降低放罪率

总体上，竞技体育可能通过以下方法减少犯罪：第一，消耗过剩精力。体育锻炼能促进人体新陈代谢，竞技体育尤为如此，激烈的对抗最大限度地耗竭了人体的精力，可以阻断个人犯罪的动机。第二，增进心理健康。心理失衡和情绪不良是一切的根源。竞技过程中，胜败周而复始，从而使耐挫力得到提高。第三，加强人与社会的联系。犯罪就是人与社会的关系恶化。竞技体育的集群性使得人与人的联系更密切，集体项目讲究配合，能提升合作精神，使人与社会地关系更和谐，从而让犯罪率下降。第四，增进培育规则意识。法律法规是规则，竞赛规则同样是规则，竞赛规则与法律法规存在高度的契合性。无规则不竞技，在竞技中理解规则，遵守规则，在竞技中培育规则意识和行为规范，能有效地预防犯罪。激发上进心。竞争性是竞技体育的本质特征，通过参与体育竞技，青少年的上进心得到提升，在学习生活上不断进取，促进顽劣青少年的转变，实现人生价值。[14-17]

犯罪分子或犯罪倾向者与普通人群的身心特征存在巨大的不同，竞技体育的开展和实施须遵循特殊计划和手段。首先要确定重点干预对象——犯罪倾向者。并非每个人都会违法犯罪，大一统的干预浪费人力物力财力收效甚微。为此，必须确立竞技体育干预的重点人群——犯罪倾向者。分析表明犯罪倾向者主要有两

类，一是未犯罪但有犯罪倾向人员。“防微杜渐而禁于未然”。这类人群如果不加以防范或疏导教育，极有可能走向犯罪的道路。学校班主任或社区管理部门应进行充分调研，广泛征求同学和群众的意见，确定存在犯罪倾向人员。二是，劳教和刑满释放人员——可能再次犯罪的人员。这类人员需要在社区登记注册，以便易于明确。

针对违法犯罪的特殊性质，应采取特殊的竞技体育干预计划——“闲暇竞技运动计划”，包括“运动竞赛欣赏”“有氧集体运动计划”“个人项目吉尼斯计划”和“世界冠军面对面工程”等活动。

竞技体育的本质特征为公开性，迄今尚无一项运动竞赛是秘密举行，都是在众目睽睽中公开地进行。但是许多的违法犯罪发生在黑暗中，通过夜间举行体育竞赛，会对违法犯罪行为造成时机冲突。美国的密苏里州、弗吉尼亚州，以及澳大利亚等实施“夜间计划”大幅度地减少了犯罪率。

班杜拉的社会学习理论观点认为：观察是一种学习方式，个体可通过观察学习达到强化自己行为的目的。“运动竞赛欣赏”和“世界冠军面对面工程”都是通过观察学习高水平运动员赛场表现、人格魅力及道德品质，形成与之相近的行为模式和规范。在近一个世纪以来，世界竞技体育得到迅猛的发展，运动员精湛的技术，不断突破人类的极限，使得竞技体育深入人心，各种高水平的体育赛事在世界范围内得到广泛开展。让犯罪倾向者观看高水平体育比赛，能激发他们的上进心，唤醒他们内心深处的昂扬斗志，多次强化他们将告别颓废的消极人生态度。观看体育比赛，能近距离地感受运动员在运动场上挥洒自如，能陶冶情操，对美好的生活产生无限向往。

为了推广体育运动，促进全民健身，世界冠军进校园、进社区活动并不陌生。运动员取得世界冠军，除了具备超强的运动天赋，还必须长年累月坚持科学训练，承受常人难以忍受的身心痛苦，这些励志故事和高度的自律对有犯罪动机的、意志力薄弱的犯罪倾向者无疑是一剂“特效疫苗”。

精力过剩理论（surplus energy theory）揭示，精力过于旺盛，犯罪的概率越高。因此，消耗犯罪倾向者过剩精力成为干预的目标。不仅如此，犯罪学家赫西研究认为：个人与社会割裂易致更多的犯罪行为。干预和阻断犯罪行为可采取集体项目和有氧代谢为主的运动方式——“有氧集体运动计划”。竞技体育有集群性特征，一场体育竞赛必须有运动员、观众、裁判，还有各类保障人员，是一个典型的社会活动。在运动竞赛中可以加强人与人之间的联系，促进人际关系的改善。犯罪倾向者是学校和社会重点关注的。他们大多数是由于家庭的不幸、教育的缺失才会走向犯罪。他们内心孤独，缺乏有效沟通，惶惶不可终日。台湾省著名作家、医师何权峰在《格局》指出："人为什么容易发怒？发怒的背后是恐惧，因为自卑，所以恐惧。"家庭不幸可能无法改变，但教育缺失的内容可以由社会来弥补。通过有氧集体项目的竞赛活动，他们不再孤独，还能获得许多正能量。

运动竞赛项目应因人、因时、因地制宜。场地设施充裕的社区和学校，可进行大范围、多层次的有氧集体运动竞赛，如三大球、羽毛球、乒乓球、网球等球类运动。场地设施不足的学校和社区，可开展喜闻乐见的、易操作的、有助于身心健康的项目吉尼斯纪录挑战赛，如平板支撑、极限俯卧撑、极限引体向上等项目。

4.3 展望

基于文献调研和可获得性的原则，本研究选取世界冠军作为竞技体育的测度指标。竞技体育的内涵之一为"以体育竞赛为基本特征"，紧扣竞技体育的基本特征选择测度指标具有很强的代表性。竞技体育的内涵还有"创造优异的运动成绩和取得比赛优胜为主要目标"。综合以上两点，选择代表世界大赛最高水平的世界冠军基本能测度一个国家的竞技体育发展水平。未来可能有更恰当的代表国家竞技体育的可测度指标，对竞技体育与犯罪率的数量关系厘定将更精准。

导致违法犯罪有经济、社会、家庭、教育、体育等因素错综复杂并交织一起，既要基于还原论研究部分对整体的影响，同样需要再系统地研究整体对部分的影响。本文仅研究了竞技体育对犯罪率的净影响，未涉及竞技体育与其他因素的整体性关照，在这方面需要进行更深入、更全面的探索。

参考文献

[1] 卢元镇．体育社会学 [M]．北京：高等教育出版社，2018：57−59．

[2] 刘丽．竞技体育犯罪研究 [D]．中南大学，2010．

[3] YC A，JRR B，JBH C，et al．Gold，silver，and bronze：Measuring

the impact of the Beijing 2008, London 2012, and Rio de Janeiro 2016 Olympics on crime[J]. Journal of Criminal Justice,2022,78:1–12.
[4] 李安娜．省域经济发展水平与省域竞技体育实力的相关分析 [J]．天津体育学院学报，2011，26（1）：12–14.
[5] 曾鸣．省域经济发展水平对竞技体育实力的影响 [J]．中南财经政法大学学报，2013（6）：147–152.
[6] 夏崇德，何志金，陈颇，等．社会经济的发展与竞技体育的相关分析 [J]．体育科学，2006（2）：22–27，41.
[7] 郭冬梅，李昕，刘春晓，等．房价、财富不平等与城市犯罪率——基于中国地级市面板数据的实证分析 [J]．中央财经大学学报，2021（9）：113–128.
[8] 李卫兵，张凯霞．空气污染是否会影响犯罪率：基于断点回归方法的估计 [J]．世界经济，2021，44（6）：151–177.
[9] 刘博敏，杜建军，汤新云．新型农村合作医疗制度对犯罪率的影响——基于 190 个城市的经验研究 [J]．社会保障研究，2020（4）：21–30.
[10] 章友德，杜建军，徐吟川．城市社会保障二元结构与犯罪率——基于 227 个城市数据的经验研究 [J]．世界经济文汇，2019（1）：84–100.
[11] 陈刚，李树．教育对犯罪率的影响研究 [J]．中国人口科学，2011（3）：102–112.
[12]“扫黑斗士”陈培德，揭全运会四大黑幕 [EB/OL]．(2015–01–06) [2022–04–12]．https://sports．ifeng．com/a/20150107/4288039_0．shtml.
[13] 卢元镇．体育社会学 [M]．北京：高等教育出版社，2018：36
[14] 雍自元．预防青少年犯罪的新途径：体育运动 [J]．安庆师范学院学报（社会科学版），2011，30（9）：97–100.
[15] 李德祥，李曌熙，李沧临，等．体育干预：少数民族地区青少年犯罪预防研究——以云南为例 [J]．青少年体育，2014（5）：116–117.
[16] 任娇娇，吕伟，张如甲．预防青少年犯罪的新思维——以体育运动为视角 [J]．武汉体育学院学报，2014，48（11）：45–49.
[17] 刘可道，纪璐．体育运动：控制青少年犯罪的有效途径 [N]． 中国社会科学报，2015–02–11（A07）.

第 10 章　南京市低年级小学生体质健康相对年龄效应研究

学习导语

目前，在教育和体育领域中出现了“相对年龄”现象，是指在相同活动年中，相对年龄较大的个体比相对年龄较小的个体更具优势，从而更容易获得成功，相对年龄较小产生的负面影响可能持续终身。因此，早期干预相对年龄带来的个体成长的不良效应显得尤为重要。相对年龄效应在基础教育与竞技体育领域有较多研究，但在学生体质健康的应用相对罕见。本章将揭示南京市栖霞区小学低年级体质健康的相对年龄特征及其相应干预对策。

本研究由多年教学和测试经验一线教师依据《国家学生体质健康标准（2014年修订）》对低年级学生进行体质测试并收集数据。运用 IBM SPSS 软件进行数据的分类、汇总以及统计分析。正态分布的数据计量方式以平均数 ± 标准差（M±SD）表示，组间比较采用独立样本 T 检验，探讨学生“体质健康”在“性别”“年级”和“季节（夏季和秋季）”方面的差异。采用多元线性回归分析法研究“性别”“年级”和“季节（夏季和秋季）”对“体质健康”的影响程度；采用多因素方差分析法（MANOVA）考察“性别”“年级”和“夏秋季（夏季和秋季）”（自变量）对学生体质健康（因变量）交互作用。

本研究得出：南京市低年级小学生的体质健康存在相对年龄效应，但身体柔韧性未发现存在相对年龄效应。基于低年级小学生的相对年龄效应存在，可以采取以下措施：在学校方面，学校体育教学和竞赛组织过程中，充分考虑低年级小学生体质健康的相对年龄效应进行合理分组；在家庭方面，家长重视夏季出生儿女的体质健康干预，对孩子进行心理建设，综合改善孩子的营养状况；在政府方面，改革学生体质健康评价；在卫生方面，学校保健部门应与体育教学单位密切配合，建立健全相应的运动处方库。

[摘要]目的：探索南京市低年级小学生体质健康的相对年龄效应及其相应干预对策。方法：通过整群随机抽样抽取南京市秋季和夏季出生的一、二年级小学生 4923 名，依据《国家学生体质健康标准》进行测试。结果："性别""年级""夏秋季"对南京市低年级小学生的体质健康有显著的影响，影响程度从大到小依次是："年级"＞"夏秋季"＞"性别"，但三者对体质健康的交互作用没有达到显著水平。南京市低年级夏秋季小学生的"坐位体前屈""BMI"的比较没有显著差异(P>0.05)。结论：南京市低年级小学生的身体形态、"肺活量""50 m""1min 跳绳"存在相对年龄效应，在教养方面应区别对待。

关键词：低年级；小学生；体质健康；相对年龄效应

Relative age effects on physical fitness of junior pupils in Nanjing

[Abstract]Objective The essay is to explore the relative age effects of physical fitness of junior primary school students in Nanjing, and provide basis for the corresponding countermeasures. Methods: 4923 primary and secondary school students born in autumn and summer in Nanjing were randomly sampled and tested according to the national standards for students' physical fitness. Results:Gender, grade, summer and autumn respectively have a significant impact on the physical fitness of junior primary school students in Nanjing, The degree of influence is in the order of grade＞summer and autumn＞gender.The interaction of the three factors on physical fitness did not reach a significant level. There was no significant difference in summer and autumn in the "sitting body forward bending" and "BMI" of the lower grade pupils in Nanjing (P>0.05). Conclusion There is a relative age effect on the body shape, vital capacity, 50 m and 1min rope skipping of junior pupils in Nanjing, which should be treated differently in education.

Key words: junior grade; pupil; Physical fitness; Relative age effects

在全球小学的招生简章里通常有年龄限制，小学招生对象为年满6周岁的适龄儿童（比如2016年8月31日（含）前出生）。体育竞赛同样如此，未达规定年龄的运动员不允许参赛。于是，在教育和体育领域出现了“相对年龄”现象。“相对年龄是指一年中由于出生时间点（月份和日期）的不同而导致的同年龄组个体之间的年龄差异。它造成了不同个体在同一年龄组体能、心理和社会能力的全面差异。”在相同活动年中，相对年龄较大的个体比相对年龄较小的个体更具优势，从而更容易获得成功的现象。不仅如此，相对年龄较小产生的负面影响可能持续终身。因此，早期干预相对年龄带来的个体成长的不良效应显得尤为重要。

《“健康中国2030”规划纲要》明确指出：“发布体育健身活动指南，建立完善针对不同人群、不同环境、不同身体状况的运动处方库”“制定实施青少年、妇女、老年人、职业群体及残疾人等特殊群体的体质健康干预计划。”小学低年级是个体成长的关键期，是良好习惯的奠基期。探究低年级小学体质健康的相对年龄效应特征并及时干预，对于青少年体质健康的提升、更广泛的全民健身战略，以及体医融合等方面具有极其重要的价值。相对年龄效应在基础教育与竞技体育领域有较多研究[1-9]，在学生体质健康的应用相对罕见。本研究将揭示南京市栖霞区小学低年级体质健康的相对年龄特征，不仅拓展了相对年龄和儿少卫生学理论，还能为南京及相似地区的学校体育教学、家庭教育和政府决策提供依据，为青少年儿童体质健康干预提供指导。

1 对象与方法

1.1 对象

本研究采取整群随机抽样的方法，在南京市栖霞区和玄武区各随机抽取小学10所，将20所小学的一、二年级学生作为调查对象。由区教育局与学校沟通，经校方同意，家长签署知情同意书后，将该学校纳入研究，并进一步在小学一、二年级全部抽取秋季（9—11月）和夏季（6—8月）出生的共计4923名6～8岁小学生，平均年龄 6.59 ± 0.67 岁。纳入标准：体格健全，发育正常，无先天遗传疾病，具有正常的体育活动能力与语言表达能力。

1.2 方法

本次测试严格依据《国家学生体质健康标准（2014 年修订）》，由多年教学和测试经验一线教师进行体质测试。测试的内容有：身高（X_1/cm）、体重（X_2/kg）、BMI（X_3/kg/m^2）肺活量（X_4/ml）、50m（X_5/s）、坐位体前屈（X_6/cm）、1min 跳绳（X_7/ 个）。

1.3 统计分析

运用 IBM SPSS 软件进行数据的分类、汇总及统计分析。正态分布的数据计量方式以平均数 ± 标准差（M±SD）表示，组间比较采用独立样本 T 检验，探讨学生“体质健康”在“性别”“年级”和“夏秋季（夏季和秋季）”方面的差异。采用多元线性回归分析法研究“性别”“年级”和“夏秋季（夏季和秋季）”对“体质健康”的影响程度；采用多因素方差分析法（MANOVA）考察“性别”“年级”和“夏秋季（夏季和秋季）”（自变量）对学生体质健康（因变量）交互作用。检验水准（α）为 0.05。

2 结果

2.1 基本情况

表 10–1　南京市低年级夏秋季学生体质健康的基本情况（M±SD）

指标	一年级	二年级	男生	女生	夏季	秋季
X_1/cm	123.6±6.1	129.5±6.1	127.4±6.8	125.5±6.7	124.3±6.5	128.6±6.4
X_2/kg	24.9±5.3	27.8±6.2	27.4±6.1	25.3±5.7	25.2±5.9	27.4±5.8
X_3/kg/m^3	16.2±2.8	16.5±3.0	16.7±2.7	16.0±3.1	16.2±3.2	16.5±2.6
X_4/ml	1291.1±36.6	1469.5±38.1	1451.9±40.8	1302.6±34.8	1306.7±36.1	1448.7±39.9
X_5/s	11.7±1.2	10.9±1.1	11.1±1.2	11.4±1.2	11.5±1.2	11.1±1.2
X_6/cm	10.0±0.4	9.9±0.5	8.2±0.2	11.9±0.3	9.8±0.4	10.2±0.5
X_7/ 个	89.6±3.9	110.2±4.8	96.4±4.3	103.2±3.9	95.1±4.1	103.9±4.9

本研究一共选取了4923名小学一、二年级夏秋季出生的学生，男生2548人，占总人数的52%，女生2375人，占总人数的48%；秋季出生2536人，占总人数的51%，夏季出生2387人，占总人数的49%。一年级学生2529人，占总人数的51%，二年级学生2354人，占总人数的49%。其中，一年级秋季出生的男生714人，一年级夏季出生的男生566人；二年级秋季出生的男生596人，二年级夏季出生的男生649人。一年级秋季出生的女生645人，一年级夏季出生的女生604人；二年级秋季出生的女生550人，二年级夏季出生的女生559人。由此可知，本研究选取的各类样本人数基本均衡。表10-1揭示，在体质健康所有指标中，二年级的学生全部优于一年级（$P<0.01$）；秋季出生的学生普遍高于夏季出生的学生（$P<0.01$）。但是，在性别上存在差异，低年级的男性的“身高”“体重”“BMI”“肺活量”及“速度”优于女生（$P<0.01$），女生的“坐位体前屈”和“1min跳绳”高于男生（$P<0.01$）。

2.2 线性回归分析结果

表10-2 多元线性回归分析标准化系数

指标	X_1	X_2	X_3	X_4	X_5	X_6	X_7
性别	-0.131***	-0.163***	-0.121***	-0.187***	0.096***	0.333***	0.090***
年级	-0.445***	-0.246***	-0.041***	-0.237***	-0.336***	-0.001	-0.257***
夏秋季	-0.329***	-0.189***	-0.042***	-0.189***	0.179***	-0.038***	-0.119***

注：***$P>0.05$。

体质健康影响因素复杂且程度各异，基于数据的可获得性原则，以性别、年级等虚拟变量为控制变量，以“夏秋季”为解释变量，以“体质健康”对应的各个指标为被解释变量进行多元线性回归分析，结果如表10-2所示，7个模型解释程度良好（$P<0.01$）。说明，“性别”“年级”和“夏秋季”分别对低年级小学生的体质健康有显著的影响。依据标准化系数的数值看，首先是“年级”对体质健康的绝大部分指标具有较大的影响，其次是“夏秋季”，最后是“性别”。需要引起注意的是，第6个模型中的“年级”未对“坐位体前屈”产生显著影响。具体而言，南京市低年级小学女生的“身高”比男生低13.1%，“体重”轻16.3%，“BMI”低12.1%，“肺活量”低18.7%。由于速度是“低优”指标，“50 m”数值越低速度越快，女生的速度比男生慢9.6%，男生的“坐位体前屈”比女生低

33.3%，男生的“1 min 跳绳”比女生低 9%，每一项指标在 0.01 水平差异显著（P<0.01）。同理可得：南京市二年级学生整体上在“身高”比一年级高 44.5%，“体重”高 24.6%，“BMI”高 18.7%，二年级的“50m”比一年级快 33.6%，二年级的“坐位体前屈”比一年级低 0.1%，二年级的“1min 跳绳”低 9%，除了“坐位体前屈”没有显著差异（P>0.05）之外，两个年级的其他指标在 0.01 水平差异显著（P<0.01）。秋夏两季比较获悉，南京市夏季出生的学生整体上在“身高”比秋季出生的低 32.9%，“体重”低 18.9%，“BMI”低 0.4%。秋季出生的“50m”比夏季出生的学生快 33.6%，秋季出生的学生“坐位体前屈”比夏季出生的高 3.8%，“1min 跳绳”多 11.9%，均在 0.01 水平差异显著（P<0.01）。

2.3 多因素方差分析结果

鉴于“体质健康”的影响因素错综复杂，本研究采用 2×2×2(性别 × 年级 × 夏秋季）进行多变量方差分析，以区分不同“性别”、不同“年级”与“夏秋季”对南京市低年级学生体质健康可能带来的交互作用，统计结果如表 10-3 所示。表 3 揭示，针对南京市低年级小学生的“体质健康”，“性别”“夏秋季”的主效应均达到非常显著水平（P<0.01）。说明南京市低年级小学生体质健康存在明显的性别差异和季节差异。结合描述性结果，男生的身体形态、身体机能及速度能力明显强于女生，而女生的柔韧性和耐力水平明显强于男生；秋季出生的低年级小学生的体质健康所有指标明显强于夏季出生。

表 10–3　南京市低年级学生的体质健康多因素方差分析结果

变量	指标	F	Sig.	变量	指标	F	Sig.
性别	X_1	118.644	0.000	性别 * 夏秋季	X_1	1.782	0.182
	X_2	146.777	0.000		X_2	2.990	0.084
	X_3	72.133	0.000		X_3	1.405	0.236
	X_4	192.788	0.000		X_4	5.331	0.021
	X_5	51.515	0.000		X_5	3.552	0.060
	X_6	600.051	0.000		X_6	0.023	0.880
	X_7	41.710	0.000		X_7	0.004	0.948

续表

变量	指标	F	Sig.	变量	指标	F	Sig.
	X_1	1413.782	0.000		X_1	21.347	0.000
	X_2	333.770	0.000		X_2	2.332	0.127
	X_3	8.361	0.004		X_3	0.000	0.990
年级	X_4	314.261	0.000	年级 * 夏秋季	X_4	5.647	0.018
	X_5	646.389	0.000		X_5	1.837	0.175
	X_6	0.005	0.945		X_6	2.193	0.139
	X_7	347.483	0.000		X_7	0.012	0.914
	X_1	757.260	0.000		X_1	0.002	0.964
	X_2	196.824	0.000		X_2	0.074	0.786
	X_3	8.907	0.003		X_3	0.080	0.777
夏秋季	X_4	196.140	0.000	性别 * 年级 * 夏秋季	X_4	0.009	0.925
	X_5	182.841	0.000		X_5	0.503	0.478
	X_6	8.612	0.003		X_6	0.075	0.784
	X_7	77.162	0.000		X_7	0.020	0.887

“年级”对大部分的“体质健康”的主效应达到非常显著水平（$P<0.01$），“坐位体前屈”除外（$P>0.05$）。“性别”与“夏秋季”对南京市低年级小学生“肺活量”的交互作用达到显著水平（$P<0.05$），对体质健康的其他指标没有显著影响（$P>0.05$）；“年级”和“夏秋季”仅对“身高”“肺活量”的交互作用达到显著水平（$P<0.05$），对其他“体质健康”指标的交互作用没有达到显著水平（$P>0.05$）。“性别”“年级”和“夏秋季”对“体质健康”交互作用没有达到显著水平（$P>0.05$）。

“性别”“年级”“夏秋季”分别对南京市低年级小学生的“体质健康”产生显著影响，“性别”“年级”分别与“夏秋季”对南京市低年级小学生的“体质健康”的个别指标存在交互影响，对大部分体质健康指标没有交互影响，三者对“体质健康”并未形成交互影响。

基于交互影响的事实存在。本研究分别将一年级夏秋季的男、女生体质健康，二年级夏秋季的男、女生体质健康进行独立样本 T 检验。比较结果显示：一年级男生，除了“坐位体前屈”之外，秋夏季出生学生的其余指标差异达到非常显著水平（P<0.01）；一年级女生的“身高”“体重”“肺活量”“50 m”“1 min 跳绳”的差异达到非常显著水平（P<0.01），而“BMI”“坐位体前屈”没有达到显著水平（P>0.05）。二年级男生的“身高”“体重”、“BMI”“肺活量”“50 m”、“1 min 跳绳”等指标达到非常显著水平（P<0.01），“坐位体前屈”的差异没达到显著水平（P>0.05）；二年级女生的“身高”“体重”“BMI”“肺活量”“50 m”“1 min 跳绳”的差异达到显著水平（P<0.05），但“坐位体前屈”没有达到显著水平（P>0.05）。可见，南京市低年级小学生并非所有的“体质健康”指标存在相对年龄效应，“BMI”和“坐位体前屈”例外。

3 讨论

本研究得出：南京市低年级夏秋两季小学生的“坐位体前屈”男生的成绩显著高于女生，与相关研究结论一致。刘强德等研究指出：“女生 7～15 岁和 17 岁年龄组的坐位体前屈成绩均显著高于男生。”[10] 这与女性的生理特点有密切关系：女生的肌肉、关节、韧带的弹性明显好于男生。南京市低年级女学生的 1min 跳绳显著优于的男生，这与徐雁雁的研究结论相近[11–12]。1min 跳绳主要的测试目的是学生的耐力素质，以及灵敏性和协调性。在一年级跳绳评分标准里，男生 109 次满分，而女生则要 117 次。即使是六年级，男生 1min 跳绳满分 157 次，女生 166 次。原因是，男孩早期大脑语言区的发育水平明显晚于女生。研究显示：男生 5 岁时与 3 岁半女生的语言发育能力一致。提前进入发育期的女生，协调性明显优于男生，进而跳绳更快、更持久。另外，跳绳的节奏感韵律感特别强，女性自小就特别感性、身体控制力强，所以小学女生跳绳表现超过男生。

南京市低年级夏秋两季小学生的“身高”“体重”“BMI”“肺活量”及“50m”的性别差异与其他研究结果相近——男生高于女生。[13–14] 南京市夏秋两季低年级小学生的年级差异与其他研究相近。原因可能与遗传、体育锻炼及营养等因素有关。综上说明，本次抽取的样本符合青少年体质发展的一般规律。不同国家的多位学者研究发现在绝大多数运动项目中存在相对年龄现象[15–20]，但也有相对年龄效应微弱或逆反的项目如体操和拳击[21]。竞技运动的相对年龄效应主要体现在身体形态、速度、力量、耐力和爆发力等方面，由此带来的心理优势和机会优势。

本研究证实，南京市低年级小学生的体质健康存在相对年龄效应，主要体现在身高、体重、肺活量、50m 和 1min 跳绳，即身体形态、身体机能和速度、耐力和协调性等方面。本研究得出：南京市低年级小学生的身体柔韧性未发现存在相对年龄效应。同样，在竞技体育领域未曾涉及运动员柔韧性的相对年龄特征研究报告。综合过去与本研究的结果，目前柔韧性的相对年龄特征不明显。究其原因：一是柔韧性与年龄呈负相关，加之低年级小学生的柔韧性相对较好，导致秋季和夏季出生低年级小学生的柔韧性相对年龄效应不强。二是柔韧性可塑性不强。柔韧性与关节的结构密切相关，关节的结构主要取决于遗传因素。在柔韧素质提升的敏感期训练的重点是神经肌肉的调节能力，而非关节结构。

针对青少年体质健康现状，教育部提出以下措施："全面加强和改进学校体育工作""落实学校卫生与健康教育政策要求""持续综合防控儿童青少年近视""实施全国健康学校建设计划[22]"。北京大学的《2010—2019 年中国儿童体质发展报告》研究指出："开齐开足上好体育课、强化学校体育教学训练、将学生体育成绩纳入个人的绩效考核等措施。"[23] 马德浩，季浏提出：通过调整中小学生膳食结构、课业压力、睡眠与休闲时间，增加体力活动"等方式提高学生体质。

与上述不同的是，基于低年级小学生的相对年龄效应存在，本研究认为可以采取以下措施：

（1）学校方面。在学校体育教学和组织过程中，应充分考虑低年级小学生体质健康的相对年龄效应。在实际工作中这点可操作性较强，只要体育教职工提前统计学生的出生年月即可。首先，合理分组。体质健康的相对年龄效应导致身体能力基础差异较大。技术和体能是相互促进、相互影响的。不同身体基础的学生在学习新技术的效率不同。同一年级的学生由于身体基础不同，必定导致运动技能的巨大差异而产生巨大的负效应。其次，竞赛分组。一般而言，班级之间的比赛是课余体育竞赛的主要形式，一般都是班级中最优秀的，极可能是相对年龄较大的学生是主力队员。相对年龄较小的学生可能永远无法获得表现的机会，失去了课余体育竞赛的价值。因此，在竞赛规程里可以设置两个年龄组，分大、小年龄组进行比赛，使相对年龄较小的学生有机会上场参赛，获得展示运动技术的机会。

（2）家庭方面。家长应该重视夏季出生儿女的体质健康干预，重点从速度、力量和耐力素质着手，积极引导孩子参加体育锻炼，并对孩子进行心理建设，使孩子明确自身的体质差异，系统地坚持体育锻炼，在运动表现上完全可以赶超同龄中秋季出生的孩子。体质与营养关系密切，家庭在膳食营养结构优化方面占据主导角色，家长应该全面评价孩子的营养状况，通过增加优质蛋白质、减少高脂高油高盐的食物摄入，综合改善孩子的营养状况。

（3）政府方面。改革学生体质健康评价。基于体质健康的相对年龄效应的存在的客观事实，秋季出生的小学生具有先天优势，而夏季出生的是体质的弱势群体，甚至夏季出生的小学生经过努力仍然很难达到秋季出生小学生的现实水平。由此将带来巨大的挫败感和无助感，这类心理阴影甚至会影响其终身参与体育锻炼的动机。体育锻炼人口流失严重，势必影响《健康中国“2030”战略》实施。为此，应将体质健康的进步幅度作为参考，建立日常参与过程性评价和总结性评价相结合的综合评价体系。

（4）卫生方面。由于相对年龄效应的存在，依据体育锻炼 FITT（frequency、intensity、time、type）原则，低年级小学生的运动频率、运动强度、运动时间和运动类型应当有所区别，否则将出现两种结果：相对年龄较大的学生锻炼强度不够，达不到锻炼效果，或者相对年龄较小的学生运动负荷过大导致运动损伤。为此，在学校保健部门应与体育教学单位密切配合，探索不同季节出生学生的合理运动负荷阈值，建立健全相应的运动处方库，保证学生体育锻炼效果和安全性、系统性，增强学生的免疫力，提高疾病预防和康复能力，为一生的健康奠定扎实的基础。

参考文献

[1] BELL J F，DANIELS S．Are summer born children disadvantaged? The birthdate effect in education[J]．Oxford Review of Education，1990，16(1)：67−80．

[2] 刘德寰，李雪莲．“七八月”的孩子们——小学入学年龄限制与青少年教育获得及发展[J]． 社会学研究，2015（6）：169−192．

[3] MASSEY A，ELLIOTT G，ROSS E．Season of birth，sex and success

in GCSE English, mathematics and science: some long lasting effects from the early years?[J]. Research papers in Education, 1996,11(2): 129-150.

[4] THOMPSON A H, BARNSLEY R H, Battle J. The relative age effect and the development of self-esteem[J]. Educational Research, 2004, 46(3): 313-320.

[5] 马红梅，曾奇奇. 出生时段、相对年龄与学校生活质量：来自 PISA- 上海的经验证据 [J]. 教育与经济，2015(3)：15-22.

[6] VERACHTERT P, DE FRAINE B, ONGHENA P, et al. Season of birth and school success in the early years of primary education[J]. Oxford Review of Education, 2010, 36(3): 285-306.

[7] KAWAGUCHI D. Actual age at school entry, educational outcomes, and earnings[J]. Journal of the Japanese and International Economies, 2011,25(2): 64-80.

[8] HURWITZ M, SMITH J, HOWELL J S. Student age and the collegiate pathway[J]. Journal of Policy Analysis and Management, 2015,34(1): 59-84.

[9] 刘强德，刘京，李峰. 基于我国青少年振兴计划启动下的青少年体质健康保障体系研究 [M]. 哈尔滨：哈尔滨工程大学出版社，2019.

[10] 徐雁雁，体育之道、强身树德 [M]，上海：同济大学出版社，2017.

[11] 北京市东城区史家教育集团. 学理群研　教益展拓 [M]. 北京：中国发展出版社，2018.

[12] 郭梦殊. 山东省淄博市小学生体质健康状况分析及提升路径研究 [D]. 哈尔滨：哈尔滨体育学院，2022.

[13] 王旭 . 青岛西海岸新区 2018—2020 年小学生体质健康状况及影响因素 [D]. 贵阳：贵州师范大学，2021.

[14] DICKINSON DJ, LARSON JD. The effects of chronological age in months on school achievement[J]. Journal of Educational Research, 1963（56）:492-3.

[15] COBLEY S, BAKER J, WATTIE N, Mc Kenna J. Annual age-grouping and athlete development:a meta-analytical review of relative age effects in sport[J]. Sports Medicine, 2009,39(3):235-56.
[16] WILLIAMS P, DAVIES P, EVANS R, et al. Season of birth and cognitive development[J]. Nature, 1970,228(5276):1033-6.
[17] FIGUEIREDO AJ, GONCALVES CE, COELHO ESMJ, et al. Characteristics of youth soccer players who drop out, persist or move up[J]. Journal of Sports Sciences, 2009,27(9):883-91.
[18] GRONDIN S, DESHAIES P, NAULT LP. Trimestre de naissance et participation au hockey et au volleyball (Quarter of birth and hockey and volleyball participation)[J]. La Revue Qu é b é coise de l' Activit é Physique, 1984(2):97-103.
[19] BARNSLEY RH, THOMPSON AH, BARNSLEY PE. Hockey success and birthdate: The relative age effect[J]. The Canadian Association for Health, Physical Education and Recreation, 1985(51):23-8.
[20] BAXTER-JONES AD, HELMS P, MAFFULLI N, et al. Growth and development of male gymnasts, swimmers, soccer and tennis players: a longitudinal study[J]. Annals of Human Biology, 1995,22(5):381-94.
[21] 第八次全国学生体质与健康调研结果发布 [J]. 中国学校卫生,2021,42 (9): 1281-1282.
[22] 王立伟，曹卫东，朱英，等. 中国青少年体育发展报告（2018）[M]. 北京：社会科学文献出版社，2020.
[23] 马德浩，季浏. 我国中小学生体质健康中存在的问题、致因及其对策 [J]. 西安体育学院学报，2017，34（2）：182-188.

第 11 章　精英运动员竞技能力静态综合评价：方法比较与实践探索

学习导语

决策科学的发展带动了评价科学的发展。随着学科交叉加强，决策方法广泛融入体育学研究中。不同静态综合评价的方法融入体育学研究中，丰富和发展了体育统计理论和技术，为体育工作的决策提供了依据。然而，不同的静态综合评价方法带来的结果必然存在两个问题：一是这些方法评价的结果是否存在差异？二是存在差异的情况下哪种评价方法更接近实际？对高水平精英运动员竞技能力的综合评价，其结果不仅导致教练员训练调控失误，还可能对天才运动员的误判，影响其前途和命运，进而影响全队的综合实力。因此，有必要对上述方法进行论证，继而遴选出相对准确的方法，为教练员和管理人员决策提供参考。

首先，课题组与教练组于 2018 年 12 月在国家残奥冰球队训练基地青岛，对中国国家残奥冰球 A 队全体运动员的冰上技能与陆上体能，总计 11 个指标进行了测试。其次，参考各类文献获取综合指数法、密切值法、TOPSIS 法、秩和比法的计算方法与步骤，运用上述方法计算出中国残奥冰球 A 队的竞技能力综合评价结果，并比较各种方法的结果差异。本研究的权重计算采用均方差法。

本研究分别应用了综合指数法、TOPSIS 法、密切值法、秩和比法对中国国家残奥冰球 A 队的竞技能力进行评估。这几种方法存在一些共同的优点：对数据无严格要求、能消除不同量纲的影响、经济实惠。研究得出：四种方法均适合精英运动员的竞技能力综合评价，但结果存在一定差异，易致教练员选择失误。TOPSIS 法更适合本研究的综合评价，评价精英运动员的竞技能力需要多种方法同时进行，并优选得出最终结果，不宜单一评价。在未来的体育科学研究中，条件允许的前提下，研究者可以使用多种方法统计同一组数据，比较使用。但并非新方法一定较旧方法更合理，应以事实比较为准。

[摘要]运用测试法、数理统计法和比较法，对中国国家残奥冰球 A 队运动员的冰上技能和陆上体能数据进行评价，以功效系数法计算四种静态综合评价方法的得分，优选出最佳的评价方法，为国家队备战 2022 年北京冬残奥训练监控和阵容安排提供依据。研究得出：四种方法均适合精英运动员的竞技能力综合评价，但结果存在一定差异，易致教练员选择失误。TOPSIS 法更适合本研究的综合评价，据此得出不同位置国家残奥冰球队运动员最终竞技能力名次。建议：评价精英运动员的竞技能力需要多种方法同时进行，并优选得出最终结果，不宜单一评价。

关键词：精英运动员；静态综合评价；残奥冰球；方法

Static comprehensive evaluation of competitive ability of elite athletes: method comparison and practice exploration

[Abstract] by using the methods of test, mathematical statistics and comparison, this paper evaluates the data of Chinese National Paralympic ice hockey team ice skills and land physical fitness, calculates the scores of four static comprehensive evaluation by efficacy coefficient method, selects the best evaluation method, and provides the basis for the national team to prepare for the 2022 Beijing winter Paralympic training monitoring and lineup arrangement. the four methods are suitable for the comprehensive evaluation of competitive ability of elite athletes, but there are some differences in the results, which is easy to cause the coaches to choose wrong. TOPSIS method is more suitable for the comprehensive evaluation, according to which the final competitive ability ranking of National Paralympic ice teams are defined in different positions. It is suggested that the evaluation of the competitive ability of elite athletes should be carried out by multiple methods at the same time, and the final results should be obtained through optimization, rather than a single evaluation.

Key words: elite athletes; static comprehensive evaluation; Paralympic ice hockey; methods

决策科学的发展带动了评价科学的发展。随着学科交叉加强，决策方法广泛融入体育学研究中。郭城主要采用TOPSIS分析法对2016年里约奥运会中国队与对手攻防能力指标进行统计与分析，并对中国队与对手的进攻、防守和攻防实力进行定量分析。[1]赵喜迎，唐建军运用TOPSIS法确立乒乓球比赛质量评估指标体系，提出乒乓球比赛质量的评估模型，计算其正、负理想解和接近度，根据接近度对乒乓球比赛质量进行比较。[2]

RSR法（rank-sum ratio，RSR）也是一种常见的方法。郑波运用秩和比法（RSR）、录像观察法等研究方法，通过对2016—2017赛季欧冠男足前8支队伍在2017年淘汰赛中的攻、防、攻防转换，以及8支球队的整体实力进行技术统计。[3]朱焱对第28届世界大学生运动会中国男子篮球队比赛能力进行秩和比（RSR）分析。[4]

另外，综合指数法（synthetic index，SI）、密切值法（close-value，C-V）也有一些应用，如汤国进，邹克宁运用综合指数法对德约科维奇、穆雷的36场比赛对决进行综合评定，以评价世界精英男子网球运动员比赛表现特征[5]。王生有对第28届亚洲男子篮球锦标赛中国队与对手攻防能力进行了密切值分析。当获取的数据都是“二维”数据（评价对象和评价指标）时，该评价问题属于多指标的静态综合评价问题。不同静态综合评价的方法融入体育学研究中，丰富和发展了体育统计理论和技术，为体育工作的决策提供了依据。

然而，不同的静态综合评价方法带来的结果必然存在两个问题：

一是这些方法评价的结果是否存在差异？如果有，研究者则可任选一种方法进行评价，不必拘泥某种方法可能带来的误差。

二是存在差异的情况下，必然存在一种更接近实际的评价方法是哪一种？关于以上静态评价方法合理性，迄今尚无系统研究报告。

对高水平精英运动员竞技能力的综合评价，其结果不仅会导致教练员训练调控失误，还可能对天才运动员的误判，影响其前途和命运，进而影响全队的综合实力。国家和俱乐部培养一名（支）优秀运动员（队）要耗费大量的人力、物力、财力，不准确、有失公允的评价将导致优秀运动员人才流失，严重浪费国家的资源，还可能由此带来心理恐慌和误解将危及竞技体育可持续发展。因此，有必要对上述方法进行论证，继而遴选出相对准确的方法，为教练员和管理人员决策提供参考。

1 研究对象与方法

1.1 研究对象

中国国家残奥冰球 A 队全体运动员的冰上技能和陆上体能综合评价与比较。残奥冰球项目在冬残奥比赛中最激烈，球迷最多，受到各参赛国重视，影响极为广泛。快速地提高残奥冰球项目竞技水平，在我国举办的 2022 年冬残奥比赛中取得好成绩是我国残奥冰球教练组迫切愿望。提升项目的竞技水平的前提，是科学地评价其竞技能力。

1.2 研究方法与思路

首先，课题组与教练组于 2018 年 12 月在国家残奥冰球队训练基地青岛，对中国国家残奥冰球 A 队全体运动员的冰上技能与陆上体能，总计 11 个指标进行了测试。前锋、后卫、中锋的冰上技能指标分别是：八字滑行、带球八字滑行、射门、六圈滑行、折线滑。其中，八字滑行、带球八字滑行、六圈滑行及折线滑是“低优指标”，其他包括所有的体能指标均为“高优指标”。全体队员陆上体能测试指标为：握力、卧推、双臂屈伸、仰卧起坐、引体向上、模拟滑行。上述指标的测试细则和方法参见相关文献，限于篇幅不再赘述。

其次，参考各类文献获取综合指数法、密切值法、TOPSIS 法、秩和比法的计算方法与步骤，运用上述方法计算出中国残奥冰球 A 队的竞技能力综合评价结果，并比较各种方法的结果差异。本研究的权重计算采用均方差法。

若存在差异，则使用功效系数法优选出得分高——更合适的评价方法。

2 研究结果

2.1 不同评价方法对中国残奥冰球 A 队竞技能力的结果与排序

表 11-1 不同评价方法评价中国残奥冰球队竞技能力的结果与排序一览表

姓名	综合指数法	综序	TOPSIS 法	T 序	密切值法	密序	秩和比法	秩序
崔玉涛	0.111	8	0.395	9	0.164	15	0.355	11
郭西柱	0.135	2	0.767	1	0.848	20	0.395	7
汪之栋	0.135	3	0.619	3	0.269	17	0.555	1
李振阳	0.125	4	0.568	4	0.57	19	0.482	4
徐金强	0.12	5	0.542	5	0.276	18	0.395	8
申翼风	0.105	12	0.322	16	0.157	14	0.432	5
向雪松	0.135	1	0.750	2	0.048	3	0.495	3
车行	0.107	11	0.362	10	0.062	5	0.345	13
田金涛	0.11	9	0.399	8	0.039	1	0.345	12
王亚绪	0.109	10	0.479	6	0.108	12	0.223	18
王聚江	0.104	13	0.314	17	0.074	6	0.373	9
张政	0.104	14	0.311	18	0.085	7	0.427	6
宋晓栋	0.101	16	0.303	19	0.1	10	0.364	10
朱占福	0.116	6	0.519	7	0.058	4	0.327	14
胡光剑	0.111	7	0.359	15	0.039	2	0.505	2
吕志	0.085	20	0.149	20	0.085	8	0.232	16
李明	0.098	17	0.317	12	0.126	13	0.168	19
李宏观	0.101	15	0.344	11	0.179	16	0.25	15
邱殿鹏	0.098	18	0.303	14	0.107	11	0.227	17
王俊楠	0.094	19	0.282	13	0.089	9	0.15	20

从表 1 可知，各种方法评价结果存在一定差异。以中锋队员为例，郭西柱在四种评价方法中，分别位居第 2 名、第 1 名、第 20 名和第 7 名；年轻队员吕志的排序结果分别是第 20 名、第 20 名、第 8 名和第 16 名；张政的排序结果分别是第 14 名、第 18 名、第 7 名和第 6 名。若以综合指数法计算结果为标准，吕志和张政两人则无缘主力阵容或首发；反之，以密切值法为标准，郭西柱则退出。

老队员中，前锋崔五涛在综合指数、TOPSIS 法和秩和比法的排名位居第 8 名、第 9 名和第 11 名；在密切值法的排名则为第 15 名。

替补队员王俊楠在综合指数和秩和比法的排名分别是第 19 名和第 20 名，但在 TOPSIS 法和密切值法的排名有较大提升，分别是第 13 名和第 9 名。

2.2 国家残奥冰球队竞技能力评价方法的优选

功效系数法又叫功效函数法，它是根据多目标规划原理，对每一项评价指标确定一个满意值和不允许值，以满意值为上限，以不允许值为下限，计算各指标实现满意值的程度，并以此确定各指标的分数，再经过加权平均进行综合，从而评价被研究对象的综合状况。[6]

该方法是一种以总功效系数作为总体综合评价值的统计比较判断方法。功效系数的最大值为 1，最小值为 0，然后合成为总功效系数。该方法的基本步骤是：

设有 n 个评价对象，m 个评价指标。

（1）确定评价指标体系（X_I =1,2,3,⋯,n)。

本文将不同评价方法产生的结果为指标。功效系数法所需的评价指标，只要将表 11−1 的数据转置即可。

（2）确定各项评价指标的满意值和不允许值。

指标的满意值可以使用该指标可能达到的最优值、历史最优值，也可以使用对比中实际值的最优值 X_{hij}（i=1，2，3，⋯，n；j=1，2，3，⋯，m)。不满意值可以使用，该指标不应该出现的最差值、历史最差值，也可以使用对比中实际值的最差值 X_{sij}（i=1，2，3，⋯，n；j=1，2，3，⋯，m)。

表 2　不同评价结果的满意值、不允许值和权重一览表

	结果 1	结果 2	结果 3	……	结果 17	结果 18	结果 19	结果 20
满意值	0.395	0.848	0.619	……	0.317	0.344	0.303	0.282
不允许值	0.111	0.135	0.135	……	0.098	0.101	0.098	0.089
权重	0.042	0.048	0.045	……	0.043	0.037	0.042	0.045

（3）确立各指标的权重

权重的确定主要有主观赋权法和客观赋权法。主观赋权法是指人们对分析对象的各个因素，按其重要程度，依照经验，主观确定的系数，如德尔菲法、AHP 法等，这些方法比较成熟但客观性差。客观赋权法是指对实际发生的资料进行整理、计算和分析，从而得出权重系数，如信息熵法、CRITIC 法、变异系数法、对偶加权法、统计平均法和标准离差法。

本研究采用客观赋权法中的变异系数法：一是避免人工的主观误差；二是缩短研究周期。主观赋权需要征询不同专家的意见，来往反复需要无形延长了周期；

三是降低了不确定性。变异系数法充分考虑了指标差异，即不确定性。采用变异系数法，变异系数越大，所赋的权数也越大。计算各指标的变异系数，将 C-V 作为权重分值，再经归一化处理，得权重系数。结果如表 11-2 所示。

（4）计算各指标——功效系数值。

$$dij = \frac{Xij - Xsij}{Xhij - Xsij} \times 40 + 60 \quad \text{(a)}$$

按照公式 a 计算各指标的功效系数值。式中，Xij 为第 i（i=1，2，…，n）个评价对象第 j（j=1，2，…，m）个评价指标的测量值。

X_{hij} 表示第 i（i=1，2，…，n）个评价对象第 j（j=1，2，…，m）个评价指标的满意值。

X_{sij} 表示第 i（i=1，2，…，n）个评价对象第 j（j=1，2，…，m）个评价指标的不允许值。

dij 表示第 i（i=1，2，…，n）个评价对象第 j（j=1，2，…，m）个评价指标的功效系数值。

（5）计算各评价对象的总功效系数值。

$$Di = \prod_{j}^{m} d_{ij}^{\omega j} \quad \text{(b)}$$

式中 Di 表示第 i 个（i=1，2，…，n）评价对象的总功效系数值；

dij 表示第 i（i=1，2，…，n）个评价对象第 j（j=1，2，…，m）个评价指标的功效系数值。

ώj 表示第 j（j=1，2，…，m）个评价指标的归一化权重系数。

表 11-3　不同评价结果的功效系数值和总值

	结果 1	结果 2	结果 3	……	结果 18	结果 19	结果 20	总值
综合指数法	60	60	60	……	60	60	61	61.7
TOPSIS 法	100	95.5	100	……	100	100	100	94.7
密切值法	53.5	21	71.1	……	72.8	61.8	60.0	64.6
秩和比法	94.4	74.6	94.7	……	84.5	85.2	72.6	88.2

经计算得出 TOPSIS 法得分最高，余下依次是秩和比法、密切值法和综合指数法。

3 讨论

3.1 评价方法的不同之同

本文分别应用了综合指数法、TOPSIS 法、密切值法、秩和比法对中国国家残奥冰球 A 队的竞技能力进行评估。这几种方法存在一些共同的优点：一是对数据无严格要求。常见的数理统计法如方差分析、因子分析、回归分析等，需要大量的样本，且数据的分布必须呈某种典型分布。本文的方法对数据的分布类型、样本含量、指标多少无严格的限制。既是精英运动员，其人数必然较少，是处于国家或省市的主力选手，甚至是世界级的选手。以残奥冰球项目为例，全体运动员总人数 23 人，包括主力阵容和替补。以正态分布为例，本文的采用的 11 项指标，经检验，八字滑行、六圈、折线滑、握力、曲臂悬垂、仰卧起坐、模拟滑行呈正态分布，其余指标不呈正态分布。

二是能消除不同量纲的影响。在本文方法运用之前，一般对数据进行标准化，主要手段有最小－最大标准化、变异系数法、线性比例法，包括极大值化、极小值化、均值化和初值化四种处理，以消除不同量纲带来的影响。本文选择变异系数法。

三是经济实惠。一般数据统计都采用软件进行，常见的传统的统计软件如 SPSS、SAS、R 语言、Stata、Matlab 等，最新面世的如 DPS 数据处理系统、Python、Ttruegrid 等，此类正版软件授权购买需要一定的资金，有些较为昂贵。若使用盗版软件，数据统计可能存在一定错误。本文涉及的五种方法使用免费的 Excel 即可，具体操作有专门的著作详细介绍。综上，这些方法比较适合精英运动员的竞技能力的评价。

3.2 单一评价结果的多维审视

以往体育学研究中，对优秀运动员的竞技能力的综合评价，多采用单一的方法，如 TOPSIS、综合指数法、RSR 法等。如杜东旭、赵晋以 TOPSIS 法对高水平篮球运动员的攻防能力的评价；朱焱、于文谦、杨管等人则以 RSR 法评价了篮球、排球运动员的综合竞技能力。高治、任波分别应用密切值法、优序法评价了亚锦赛全部队伍的攻防能力。汤国进、邹克宁运用综合指数法对德约科维奇、穆雷二人 36 场比赛对决进行综合评定。

依据本文研究结果，在不同位置、不同运动成绩、不同训练年限的运动员中，不同评价方法评价其竞技能力产生的结果均存在一定差异，个别差异巨大。如此结果必将给教练员决策带来困惑和误导。一个国家队仅 20 名左右队员，孰优孰劣，关系每一位队员的前途和机会，同样关系国家队的整体战斗力和国家荣誉。

本文采用功效系数法计算得出相对接近实际的方法——TOPSIS 法。依据 TOPSIS 法，计算得出国家残奥冰球队中，郭西柱、白雪松、汪之栋、李振阳、徐 ×× 的竞技能力为全队前五名；王聚江、张政、宋晓栋、吕志、申翼风为全队后五名。前锋汪之栋、王亚绪、田金涛位居前三名，其他依次是崔玉清、车行、邱殿鹏、申冀风、王聚江。中锋的排序依次是：向雪松、张政、吕志。后卫的排序依次是李振阳、徐金强、朱占福、李宏观、李明、王俊楠、胡光剑。此结果是经过对多个方法优选得出的，在本研究中相对科学合理，可以作为国家残奥冰球队备战 2022 年北京冬残奥的训练控制和阵容安排提供依据。

3.3 新旧方法的合理冲突

为何这些方法计算的结果有一定差异呢？可能是由于不同的方法存在一定局限性。如综合指数法，其缺点是权重作用明显，易导致评价结果的“马太效应”，强者更强，弱者更弱。TOPSIS 法仅能反映各评价对象内部的接近度，无法反映与理想的最优方案的接近度。而秩和比法则是指标值采用秩代替，会丧失一些有价值的信息。密切值法的主要不足在于缺乏对评价的进行权重，易导致评价结果的客观性不佳。基于上述方法产生的结果差异，它们存在选优的空间。

迄今，单一的综合评价方法有百余种，尚无一种完美无缺。对此，解决的方法有很多，如将不同的方法组合起来，实现优势互补，从而得出更为合理的研究结果。本文采用的优选法也是其中一种。我们的理由是，必须依据国内外体育科学研究的现状，关注学者使用较多的、相对新颖的综合评价法。如果有很多方法是十余年以前的，或者是不常用的，对其进行评价就失去了时效性和针对性。另外，组合评价法相对烦琐，优选法简单易行。

借鉴和引入不同学科研究方法是体育科学发展的需要。然而，本研究显示，不同的方法导致的评价结果存在差异，其结果可能会导致某些高水平运动员落选，低水平运动员可能成为主力。

从近年来体育科学研究的趋势看，引入决策方法进行竞技能力评价成为一种风尚。是否新方法一定比旧方法好呢？以综合指数法和 TOPSIS 为例，综合指数法相对较新，而 TOPSIS 历史较长。是否综合指数法一定比 TOPSIS 法更好？事实不尽然。杜东旭研究表明：两种评价方法评价出的攻防综合实力排序结果之间呈显著性相关关系，结果基本一致。[7] 这说明，综合指数法并不比 TOPSIS 法优越。本研究表明：四种静态综合评价方法中，TOPSIS 法得分最高，综合指数法却最差。因此，并非新使用的方法一定会比旧方法好。

本文无意特指 TOPSIS 法是四种最好的方法，而是要说明任何研究结论是需要经过多方证明才能得出。在未来的体育科学研究中，条件允许的前提下，研究者可以使用多种方法统计同一组数据，比较使用。

4 结论与建议

4.1 结论

（1）不同静态综合评价方法得出的结果不一致。

（2）经过功效系数法的计算，本研究以 TOPSIS 法计算的结果得分最高。

（3）不同位置的中国残奥冰球队运动员的技能和体能综合评价结果前三名是：前锋，汪之栋、王 ××、田金涛；后卫，李 ××、徐金强、朱占福；中锋，向雪松、张政、吕志；守门员，冯 ×、王 × 和纪 ×。

4.2 建议

本文的四种静态综合评价方法简单、排序明晰，适合精英运动员竞技能力的综合评价，但结果存在差异，需要优选。事实证明，并非新方法一定较旧方法更合理，应以事实比较为准。

参考文献

[1] 郭城．2016 年里约奥运会中国男篮与对手攻防能力的 TOPSIS 分析 [D]．长春：东北师范大学，2017．

[2] 赵喜迎，唐建军．TOPSIS 法在乒乓球比赛质量评估中的应用：以马龙／樊

振东比赛为例 [J]．首都体育学院学报，2017，29（3），249−253．

[3] 郑波．2016—2017 赛季欧冠男足前 8 支球队的 RSR 综合分析 [J]．成都师范学院学报，2018，34（9），78−83．

[4] 朱焱．基于 RSR 分析下的中国大学生男子篮球队比赛能力研究——以第 28 届世界大学生运动会男子篮球比赛为例 [D]．长春：东北师范大学，2016．

[5] 汤国进、邹克宁．世界精英男子网球运动员竞技比赛特征研究 [J]．武汉体育学院学报，2017，51（10），88−92．

[6] 蒋三庚．北京商务中心区（CBD）发展指数研究：北京市哲学社会科学 CBD 发展研究基地 2015 年度报告 [M]．北京：首都经济贸易大学出版社，2016．

[7] 杜东旭．基于 TOPSIS 法和综合指数法对中国男篮攻防能力的综合评价——以第 25～28 届男篮亚锦赛为例 [D]．重庆：西南大学，2016．

第 12 章　田径专项学生批判思维能力结构：优势分析与教学对策

学习导语

体育院校作为我国体育人才培养的摇篮，为积极响应建设创新型国家人才培养目标战略要求，进一步推进体育院校学科建设和人才培养，理应将批判性思维和创新教育全面融入我国体育院校的各项工作中。近十多年来，我国对批判性思维的研究与应用虽然成果丰富，但在体育领域受到的关注还比较少，研究基础薄弱，文献资料不多。由于长期以来缺乏对批判性思维有目的地训练，我国体育院校大学生批判性思维能力普遍较低。本章对田径专项学生批判思维能力进行优势分析与提出教学对策

本研究选用的加利福尼亚批判性思维倾向测量量表对学生进行调查收集数据。然后对不同属性的田径专项学生的批判思维能力各维度的比较主要采用独立样本 T 检验，对各维度对批判思维总分的预测采用优势分析法。

分析得出田径专项大学生的批判性思维总得分平均为 222.77 分，处于“矛盾”状态。因此，大部分田径专项大学生对批判思维处于一种懵懂无知的状态，个别甚至认为批判是“找碴儿”，而非从属于认知能力范畴。对于批判思维能促进逻辑分析创新创造，缺乏基本的认识。批判性思维是高素质创新人才培养的关键和基础，学生要打开科学创新之门就必须具备批判性思维能力。依据优势分析结果提出了以下几点教学对策：首先，提高田径专项学生的批判思维能力，“求知欲”“系统化能力”“开放思想”是教学重点；其次，建立包容、宽松的学习氛围；最后，大量增加问题教学的比重。

[摘要]本研究以南京体育学院运动训练专业的田径专项大学生（以下简称田径专项学生）为的批判思维能力的优势及教学对策为研究对象。综合运用调查法和数理统计法，研究得出："求知欲""系统化能力""开放思想"是教学重点，建立包容、宽松的学习氛围，大量增加问题教学的比重，是未来改革主要内容和方向。

关键词：田径；批判思维；优势分析；教学

The Structure of Critical Thinking Ability of Athletics Students: Advantage Analysis and Teaching Strategies

[Absrtact]This research takes the advantage of critical thinking ability and teaching strategies of track and field students (hereinafter referred to as track and field students) majoring in sports training in Nanjing Sport Institute as the research object. By comprehensively using survey and mathematical statistics methods, it has been found that "thirst for knowledge" "systematic ability" and "open thinking" are teaching priorities, establishing an inclusive and relaxed learning atmosphere; Increasing the proportion of problem-based teaching significantly is the main content and direction of future reforms.

Keywords: athletics; Critical thinking; Advantage analysis; teaching

体育院校作为我国体育人才培养的摇篮，为积极响应全国教育大会提出的建设创新型国家人才培养目标战略要求，进一步推进体育院校学科建设和人才培养，理应将批判性思维和创新教育全面融入我国体育院校的各项工作中。近十多年来，我国对批判性思维的研究与应用虽然成果丰富，但主要集中在逻辑学、语言学、法学、医学、经济学等学科，在体育领域受到的关注还比较少，研究基础薄弱，文献资料不多。在体育院校的教学实践中，有意识地培养学生批判性思维的情形几乎是"一片空白"。[1] 显然，这种"空白"的现状与创新时代对人才的要求是格格不入的，与素质教育时代对批判性思维的需求是相悖的。由于长期以来缺乏对批判性思维有目的地训练，我国体育院校大学生批判性思维能力普遍较低。

1 研究对象与方法

1.1 研究对象

本研究以南京体育学院运动训练专业的田径专项大学生（以下简称田径专项学生）为调查对象，以其批判思维能力的优势及教学对策为研究对象。

1.2 研究方法

1.2.1 调查法

本研究选用的“加利福尼亚批判性思维倾向测量量表”（CCTDI2000）总量表由 7 个分量表、各 10 道测试题（共 70 道）构成。每道测试题的分值区间为 1～6 分，总分得分区间为 70～420 分。[2] 以此为问卷于 2019 年 4—7 月向南京体育学院运动训练专业田径专项学生发放问卷，共计两个年级（大二和大三）300 份，回收 300 份，有效回收 287 份，有效回收率 96%。

1.2.2 数理统计法

对不同属性的田径专项学生的批判思维能力各维度的比较主要采用独立样本 T 检验，对各维度对批判思维总分的预测采用优势分析法。

2 结果

2.1 不同社会学变量田径专项大学生批判思维能力差异

依据从表 12–1 结果和评判规则，田径专项学生的“寻找真相”“开放思想”“系统化能力”“认知成熟度”的维度处于“矛盾”级别。其他维度如“分析能力”“自信心”“求知欲”处于“背离”级别。田径专项学生的批判性思维总得分平均为 222.77 分，处于“矛盾”状态。

表 12–1　田径专项学生批判思维能力各维度得分、总分基本情况

维度	N	最小值	最大值	均值	标准差
寻找真相	287	16	56	37.42	7.750
开放思想	287	6	45	31.62	6.788
分析能力	287	10	42	28.74	5.816

续表

维度	N	最小值	最大值	均值	标准差
系统化能力	287	12	50	32.76	6.383
批判思维自信心	287	10	46	28.07	7.021
求知欲	287	10	41	27.87	6.993
认知成熟度	287	19	60	36.68	8.202
总分	287	143	267	222.77	30.476

表 12–2　田径专项学生批判思维能力性别差异

	男（n=176）	女（n=111）	T 值	Sig.
寻找真相	36.1±7.6	34.6±7.9	1.673	0.096
开放思想	30.9±7.9	30.3±6.3	0.320	0.520
分析能力	28.2±6.9	29.1±5.7	0.087	0.221
系统化能力	31.4±6.9	32.8±6.3	0.367	0.102
批判思维自信心	27.4±7.4	31.1±6.3	0.111	0.000
求知欲	26.5±7.5	27.6±6.7	0.175	0.174
认知成熟度	35.9±7.5	33.6±7.6	0.568	0.015
总分	216.3±35.0	219.1±28.5	0.013	0.481

表 12–3　田径专项学生批判思维能力运动成绩差异

维度	优秀（n=51）	一般（n=201）	T 值	Sig.
寻找真相	35.6±8.6	35.8±7.5	−0.148	0.883
开放思想	30.8±6.8	30.6±7.4	0.225	0.822
分析能力	28.0±6.3	28.9±6.2	−0.938	0.349
系统化能力	32.9±7.4	31.9±6.5	0.963	0.336
批判思维自信心	28.0±7.5	29.3±7.1	−1.141	0.255
求知欲	25.8±7.5	27.3±7.1	−1.338	0.182
认知成熟度	35.5±7.4	35.0±7.6	0.431	0.667
总分	216.8±34.7	218.9±30.6	−0.427	0.670

表 12–4　田径专项学生批判思维能力独生子女差异

	独生（n=169）	非独（n=115）	T 值	Sig.
寻找真相	35.2±7.9	35.9±7.5	−0.782	0.435
开放思想	30.8±6.7	30.5±8.2	0.319	0.750
分析能力	28.4±6.4	28.9±6.5	−0.752	0.453
系统化能力	31.7±6.9	32.4±6.3	−0.812	0.417
批判思维自信心	28.7±7.5	29.2±6.8	−0.515	0.607

续表

	独生（n=169）	非独（n=115）	T 值	Sig.
求知欲	27.0±7.4	26.9±6.9	0.090	0.928
认知成熟度	35.1±7.7	34.8±7.5	0.313	0.755
总分	216.9±33.2	218.7±31.8	−0.450	0.653

本研究将持有一级及以上证书的田径专项学生作为优秀组，将持有二级证书的田径专项学生作为一般组，检验表明，优秀组在“开放思想”“系统化能力”“认知成熟度”方面高于一般组，差异不显著。而在“寻找真相”“分析能力”“批判思维自信心”“求知欲”“总分”方面却低于一般组，差异同样不显著。

表 12–4 揭示，独生子女田径专项学生在“寻找真相”“分析能力”“系统化能力”“批判思维自信心”“总分”方面得分低于非独生子女，但差异不显著。在“开放思想”“求知欲”“认知成熟度”方面，独生子女大学生得分高于非独生子女，差异同样不显著。

2.2 田径专项大学生批判思维能力的优势分析

表 12–5　各维度影响田径专项学生批判思维能力总分的优势分析表

变量	含 x 的 r 方	去掉 x 后	x 的贡献	百分率 %
寻找真相	0.810	0.578	0.232	13.84
开放思想	0.823	0.576	0.247	14.78
分析能力	0.823	0.576	0.247	14.74
系统化能力	0.839	0.574	0.265	15.84
批判思维自信心	0.778	0.583	0.196	11.7
求知欲	0.841	0.574	0.267	15.97
认知成熟度	0.799	0.580	0.220	13.14

传统上，评价回归方程中各预测指标相对重要性的方法是以斜率为基础的指标，如标准回归系数，但是此类做法具有较强的模型依赖性，无法在预测模型衍生出的不同子模型中保持恒定不变。于是，Budescu 年提出了优势分析（dominance analysis）方法。该方法有两个优点：第一，具有模型独立性，即预测指标的相对重要性在各子模型中保持恒定；第二，根据各预测指标的相对重要性对回归模型总预测方差进行分解，并用百分比表示，简明易懂。优势分析的思路是：为了分析不同预测指标的相对重要性，首先需将各个指标，以及这些指

标的不同组合形式对因变量进行回归分析，分析含有这些预测指标及各种不同指标组合的所有回归方程的决定系数 R2。比较这些回归方程中每一指标（或组合）的决定系数 R2，看某一指标或指标的组合加入回归方程后 R2 的提高情况。[3] 计算结果如表 12–5 所示：对田径专项学生的批判思维总分影响从大到小依次是：求知欲（15.97%）＞系统化能力（15.84%）＞开放思想（14.78%）＞分析能力（14.74%）＞寻找真相（13.84%）＞认知成熟度（13.14%）＞批判思维自信心（11.7%）。

3 讨论

3.1 田径专项大学生批判思维能力结构特征

批判性思维是高素质创新人才培养的关键和基础。美国科学哲学家卡尔·波普尔指出，学生要打开科学创新之门就必须具备批判性思维能力。要创新，就要学会运用已学的知识去质疑、去批判，打破原有思维的模式，创造出新思想。因此，批判性思维是创新思维的基础和前提，从某种意义上说，培养大学生的批判性思维能力就是培养他们的创新能力。

田径专项大学生的批判性思维总得分平均为 222.77 分，处于“矛盾”状态。因此，大部分田径专项大学生对批判思维处于一种懵懂无知的状态，个别甚至认为批判是“找碴儿”，是“挑刺”，而非从属于认知能力范畴。这表明，部分田径专项大学生对于批判思维能促进逻辑分析创新创造，缺乏基本的认识。

男大学生在“认知成熟度”明显高于女大学生。认知成熟度是指在处理问题、批判思考过程中，是否有能力警觉地结合多种解决问题方法，审慎地作出判断和权宜的决定。这可能与中国传统文化中的男主外、女主内的思想影响有关。在我国，一般都是男性当家作主，尤其是重大事项一般是男性主导。由此，男性田径专项大学生才能够更为全面谨慎地作出相对适宜的决定。

马军英、赵强、张燕，等[4]研究指出：师范院校的“不同性别学生在总分上男生显著高于女生；在各维度中，寻求真相、分析性、系统性、自信心表现为男生得分高于女生，尤其是在自信心、系统性达到显著差异，而仅在思想开放特质上女生显著好于男生。[4]”但本研究与其存在明显区别，田径专项学生却是女生在总分方面高于男生，女性大学生在“批判思维”“自信心”维度明显高于男生。在批判思考时女性可以对自己可以进行精确、理性的分析有自信心，能够自信地提出意见、建议和想法，以及对自己的批判性思考过程或结果具有自信心。相对年龄理论揭示，年龄偏大的学生在小时候养成的自信足够影响其一生。而女性在年幼时一般比男性成熟早，早年形成的自信足以影响其认知的各方面，包括批判思维自信心。

张青根、沈红研究指出：无论是大一新生样本还是大四毕业生样本，独生子女大学生的批判性思维能力均显著高于非独生子女大学生的批判性思维能力。[5]本研究与其结论不同，可能是因为参与运动训练的大学生从小在少体校集体环境中长大，有较强的集体意识，削弱了独生子女的色彩。

3.2 田径专项大学生批判思维能力提升的教学对策

3.2.1 “求知欲”“系统化能力”“开放思想”是教学重点

依据优势分析结果，要想提高田径专项学生的批判思维能力，“求知欲”“系统化能力”“开放思想”是教学重点。

田径专项大学生要提高批判思维能力，首先要提高求知欲。对未知世界要充满好奇心。田径世界浩瀚，未知的领域宽阔。人的极限是多少？ 100 m 世界纪录能提高多少？每次提升幅度是多少？作为一个田径专项的大学生，有没有未来？有何种未来？凡此，均是启发未知好奇心的重要切入口。在大中小学生必须掌握两种基本体育技能的大背景下，田径专项大学生是否存在出路？等等，都是激发学生求知欲的突破口。

一个人的批判思维能力的高低，还与其是否有系统规划、有无明确的目标，是否能有条理、有组织地处理问题、解决问题和分析问题有关。一堂训练课，先练什么，后练什么？一年的训练课，先学什么，后学什么？四年的大学生活，每一年的学习存在何种区别？田径专项大学生目标明确，有条不紊地实施，就是批判思维形成的具体反映。

“开放思想”是指：学生在面对不同观点时，是否具有全面、辩证和客观的态度去倾听接受，是否具有愿意采取宽容、防范个人偏见的态度去进行批判性选择。

3.2.2 建立包容、宽松的学习氛围

一个学生敢不敢提出质疑，敢不敢批判，首先取决于环境，与学生密切相关的环境，如学校的民主氛围、教师的度量。在民国时期的北京大学，课堂上经常出现这样的情景：一个教授在讲授，另一个教授却在反驳其观点。但这并不妨碍学生的学习，也不影响学校管理。因为北京大学在蔡元培校长的主导下，支持“海纳百川，有容乃大”的办校方针。如此，学生就敢于提出自己的观点，就能形成“不唯上，不唯书，只唯实”的良好氛围。

田径专项大学生身处在体育院校中，校方要在舆论引导上加强民主。各种宣传突出批判性，不能只讲服从，减少命令式的规定和制度。教师要给予学生充分的思想自由。在上课时允许学生在违反课堂秩序的前提下，提出自己的观点，只要不是无理取闹，就应该鼓励。

3.2.3 大量增加问题教学的比重

批判思维的实质就是质疑，要敢于提问，敢于挑战权威。教师应该在不同层面、不同时期增加问题教学的比重。在准备活动时可以引导，例如，为什么开始要做准备活动？做何种准备活动？今天的准备活动与昨天的有何不同？为什么？引导学生质疑可以从多个视角切入，内涵十分宽泛。

在短跑教学时，可以引导学生思考，为什么到一定时期会出现“高原现象”，迟滞不前呢？为什么短跑运动员的体型与长跑和跳跃运动员不同呢？何种力量训练对速度具有积极影响？

在整理活动时，哪一种放松方式具有更好的效果？为什么？可以有一连串为什么的追问？这些问题既是科学探究的需要，也是培养批判思维的有效举措。

参考文献

[1] 李慧华. 论体育院校大学生批判性思维的培养[J]. 北京体育大学学报，2017，40（7），63–67.

[2] 马蓉，秦晓晴. 英语专业大学生的批判性思维倾向特征研究[J]. 西安外国语大学学报，2016，24（4）：59–63.

[3] 唐启义，唐睿．DPS 数据处理系统 [M]．北京：科学出版社，2017．
[4] 马军英，赵强，张燕，等．高校师范生批判性思维倾向的调查研究 [J]．数学教育学报 2015，24（6），21−25．
[5] 张青根，沈红．独生子女与非独生子女大学生批判性思维能力的差异 [J]．复旦教育论坛 2018，16（4），58−64．

第 13 章　质疑与重构：核心稳定性与动态平衡、灵敏性的关系

学习导语

关于不同人群的核心稳定性与动态平衡、灵敏性关系，目前国内外的研究结论存在严重分歧，一是三者之间有必然联系；二是三者无关或者关系不明确。本章在对国内外相关研究质疑的基础上，探讨核心稳定性对动态平衡、灵敏性影响。

本研究随机抽取运动训练专业大学生 104 名，对其核心稳定性、动态平衡、灵敏性进行测试。然后对测试结果首先采用投影寻踪分类法对被试的核心稳定性、灵敏性与动态平衡进行综合评价，得出其整体结果。在此基础上，对评价结果进行正态性检验，据此选择适宜的相关分析方法并探讨其间的相关性。最后，使用双重筛选逐步回归研究多个自变量与多个因变量之间的关系，以增强核心稳定性训练的针对性。

本章通过运用投影寻踪分类评价，得出不同指标的投影方向和投影值；相关分析得出整体上三者存在关联。采用双重逐步筛选回归分析对其分析，建立两种回归模型，为动态平衡、灵敏性的干预提供理论基础。最终得出结论：侧桥、后外侧、伊利诺斯分别对核心稳定性、动态平衡及灵敏性的整体功能影响最大；在整体上核心稳定性、动态平衡和灵敏性三者之间存在显著相关；侧抛实心球与动态平衡、灵敏性关系密切。在全面提高核心稳定性的基础上，突出改善水平面的力量和爆发力，能促进人体动态平衡和灵敏性。

[摘要]目的：在对国内外相关研究质疑的基础上，探讨核心稳定性对动态平衡、灵敏性影响。方法：随机抽取运动训练专业大学生 104 名，对其核心稳定性、动态平衡、灵敏性进行测试，综合运用投影寻踪分类、正态检验、相关分析、双重筛选逐步回归分析等方法对测试结果进行统计。结果是侧桥、后外侧、伊利诺斯分别对核心稳定性、动态平衡及灵敏性的整体功能影响最大；在整体上核心稳定性、动态平衡和灵敏性三者之间存在显著相关；侧抛实心球与动态平衡、灵敏性关系密切。结论是在全面提高核心稳定性的基础上，突出改善水平面的力量和爆发力，能促进人体动态平衡和灵敏性。

关键词：核心稳定性；动态平衡；灵敏性；质疑；重构

中图分类号：G808.

Questioning and refactoring: the relationships among Core Stability、dynamic balance and agility

[Abstract] Objective: On the basis of questioning of domestic and foreign research, the influence of Core Stability on dynamic balance and agility is discussed. Methods: 104 college students in sports training were randomly selected to test its Core Stability, dynamic balance and agility. The results of the tests are counted by means of PPC, normal of test, correlation analysis, and Dual Selective Stepwise Regression. Results: Side-bridge test, posterior lateral, and Illinois respectively are the greatest influence on Core Stability. Core Stability, dynamic balance and agility are significantly related to the whole. Lateral medicine ball toss is closely related to dynamic balance and agility. Conclusion: The Core Stability should be improved in an all-round way to the strength and power of the Horizontal plane which can promote the dynamic balance and agility of the human body.

Keywords: Core Stability; dynamic balance; agility; questioning; refactoring

关于不同人群的核心稳定性（core stability）与动态平衡（dynamic balance）、灵敏性（agility）关系，目前国内外的研究结论存在严重分歧，一是三者之间有必然联系。Mustafa Söğüt研究发现：网球运动员的核心稳定性与发球速度、动态平衡、上肢力量及灵敏性存在显著关联。[1] Sharrock、Chris、Cropper等研究认为：大学生运动员的核心稳定性与运动表现存在一定关联，但是应该更加关注具体某种运动表现与核心稳定性之间的关系，如此才能为运动训练控制提供精准的指导。[2] Nicole Kahle、Phillip Gribble等认为在运动损伤的治疗和康复中，加强身体核心稳定性，能够改善动态姿势控制。[3]Sandrey，Michelle Mitzel、Jonathan G等人研究发现，13名健康的高中生运动员在6周核心稳定性训练后，动态平衡（SEBT）得到明显改善。[4] Tarık Ozmen、ü mit Gafuroğlu、Aygün Aliyeva等人研究认为：绝经后的骨质疏松症患者的年龄、核心稳定性与动态平衡存在显著关联。[5] J Abdi1、H Sadeghi对青年足球运动员的核心稳定性与动态平衡的关联研究发现：SEBT的内外侧，前后方向与垂直方向与动态姿势稳定性显著相关。[6]

二是三者无关或者关系不明确。Ozan Severa和Erdal Zorba研究认为：核心稳定性训练不能改变足球运动员的身体成分和有氧能力，无法刺激产生足够的爆发力、力量和灵敏性。[7] 因此，核心稳定性不能作为足球运动员训练计划的主要部分。Kieran Neil Mccartney，Jacky Forsyth研究认为：在青壮年成年男子群体中，没有发现核心稳定性与动态平衡、灵敏性存在显著关联。[8] 核心稳定性并非该群体动态平衡、灵敏性的决定因素。Thomas Haugen、Lars Haugvad、Vibeke Røstad发现，单一的核心稳定性训练并不能提升运动表现，更多结合专项的核心稳定性测试和训练手段应该被研发，以证实核心稳定性与运动表现、伤病康复存在必然联系。[9] Marek Kokinda、Martin Jesensky、Robert Kandrac等人对不同年龄的冰球运动员的核心稳定性与动态平衡之间的关系进行研究，发现冰球运动员核心稳定性与动态平衡之间并无显著相关性。[10]

关于核心稳定性对动态平衡与灵敏性的影响的研究成果以国外的学者为主，国内研究较少。无疑，国外的定量研究在测试指标、研究程序方面给读者有一定启示。不同的研究对象、不同的研究方法导致的研究结果可能不尽相同，可是由于研究设计的逻辑问题和方法上的谬误，给上述研究的结论存在矛盾、疑问，则有必要廓清和再研究：

整体与部分的界限以核心稳定性为例，核心稳定性测试由不同指标组成，目前应用比较广泛的有：①核心区屈肌肌力测试、核心区伸肌肌力测试和核心区左右两侧肌力测试。②左／右侧桥测试（Side-bridge test）、侧抛实心球测试（选择不超过受试者体重 5%的 2.5 kg 药球为测试用球）和 1 min 仰卧起坐测试（标准依照《美国健康、体育、休闲和舞蹈联合会指南》等。[11-15]

可见，核心稳定性是一个由不同指标构成的整体，已有的研究大多是考察核心稳定性包含的某一个指标与动态平衡或灵敏性的关系，并未涉及核心稳定性整体。由此产生的逻辑问题是，研究目的是核心稳定性与动态平衡、灵敏性之间的关系，研究结论却是核心区伸肌耐力或其他部分与动态平衡、灵敏性及其各指标之间的关系，答非所问。如 Kieran Neil Mccartney，Jacky Forsyth 的研究结果显示：除了核心伸肌耐力与动态平衡、灵敏性存在显著相关性，其他没有。据此得出结论，核心稳定性与健康人群的动态平衡、灵敏性没有相关性，并建议无须通过增强人体核心稳定性，实现动态平衡和灵敏性的提升。

核心稳定性的整体功能是有若干指标有机组合共同发挥出来的。任何指标功能的缺失，将直接影响核心稳定性的整体功能。但是整体功能并不一定大于各部分功能之和，当部分以不合理的无序的状态组成整体时，整体功能则小于部分功能之和。当核心稳定性测试的指标以有序、合理或优化的结构形成整体时，整体功能才能大于各部分之和。关键指标（部分）在一定条件下才能对整体起决定作用，但任何部分都无法取代整体，不能以偏概全、断章取义。

简单相关分析法的适用性。在两个变量相关分析中，数据的类型决定作用何种检验。如果变量为连续变量且为正态分布，则我们用 Pearson 相关系数检验；如果是非正态分布的变量（包括连续变量的非正态分布和有序数据），则用 Spearman 或 Kendall’stau-b 相关系数检验，所以做两个变量的相关分析，首先是要检查数据的分布状况。

在核心稳定性与动态平衡、灵敏性的相关分析中，个别学者忽视了数据正态性检验（test of normality）。如 Mustafa Söğüt 研究网球运动员的核心稳定性与运动表现的关系时，样本量为14名男性、15名女性，总计29名；Nicole Kahle和Phillip Gribble研究了总计15名成年人的核心稳定性与动态平衡的关系。如此有限的样本作者并未进行正态性的检验而直接进行简单相关分析，极可能将导致结果失真，此类研究的结论不可全信。

1 被试与方法

1.1 被试

本研究随机选取某体育学院运动训练专业大学生110名，其中男子70名，女子40名；国家一级及以上39名，二级运动员71名；技能类项目（乒乓球、羽毛球、击剑、跆拳道、柔道、篮球、足球、排球等）65名，体能类项目（田径、游泳）45名，训练年限为6.95±2.56年。剔除6份无效和缺失数据，最终形成104份测试数据。

1.2 基本思路与方法

为了避免以上疑问，本研究对测试结果首先采用投影寻踪分类法对被试的核心稳定性、灵敏性与动态平衡进行综合评价，得出其整体结果。在此基础上，对评价结果进行正态性检验，据此选择适宜的相关分析方法并探讨其间的相关性。最后，使用双重筛选逐步回归研究多个自变量与多个因变量之间的关系，以增强核心稳定性训练的针对性。

核心稳定性测试指标：左／右侧桥测试选X_1、侧抛实心球测试（lateral medicine ball toss）X_2和1min仰卧起坐测试（one minutes Sit-ups）X_3。本研究的核心稳定性测试和标准依照《美国健康、体育、休闲和舞蹈联合会指南》。[16]

动态平衡能力测试指标：选择星形偏移平衡测试（SEBT测试）的后外侧Y_1、后内侧Y_2和前方Y_3三个方向的距离。此项指标节选自《美国国家体能协会核心训练指南》的核心评估中的功能性核心评估指标和美国国家体能协会主编的《体能测试与评估指南》的灵敏性测试指标。[17][18]

灵敏性测试指标：伊利诺斯（Illinios）Y_4、十米往返跑（10m round trip）

Y_5 之间的关系。灵敏性指标选自 *Athletic Development* 的灵敏性测试指标。[19]

上述所有指标的有效性和可靠性均已得到论证，适合本研究。具体测试方法和标准参考相关文献，限于篇幅，在此不再赘述。

被试签署知情同意书后，于 2020 年 4—7 月在学校田径场上进行测试，测试前身体状况良好，遵循体育测量学的操作规范。测试数据全部采用 MATLAB 求解和建模。

2 研究结果

本文分别阐述投影寻踪分类评价结果及其正态检验、相关分析结果，以及双重筛选逐步回归结果。

2.1 投影寻踪分类综合评价结果

投影寻踪分类法(projectionpursuit clustering，PPC)[20] 是 Friedman 和 Turkey 于 1974 年提出的既可以用于探索性分析，又可作确定性分析的聚类和分类方法。所谓投影，就是从不同角度观察数据，寻找能够最大限度地反映数据特征和最能充分挖掘数据信息的最优投影方向。PPC 法的主要优势在于：一是适用于高维、非线性、非正态的数据，且评价结果与实际相符率高；二是在未知权重的情况下，对数据进行缩尾，省去专家打分的步骤和人为因素，客观便捷。具体计算公式参照相关著作。PPC 法已被广泛应用环境质量综合评价、水质评价等，体育领域的应用并不多见。

对被试的核心稳定性测试成绩进行投影寻踪分类法计算得出各指标的投影方向。基于 PPC 法原理，各指标投影方向的大小实际上反映了该指标对核心稳定性综合评价的影响程度。从图 13-1 可知，侧桥对运动训练专业大学生的核心稳定性影响最大，其次是侧抛实心球，仰卧起坐最低。三个平面的稳定性不均衡。

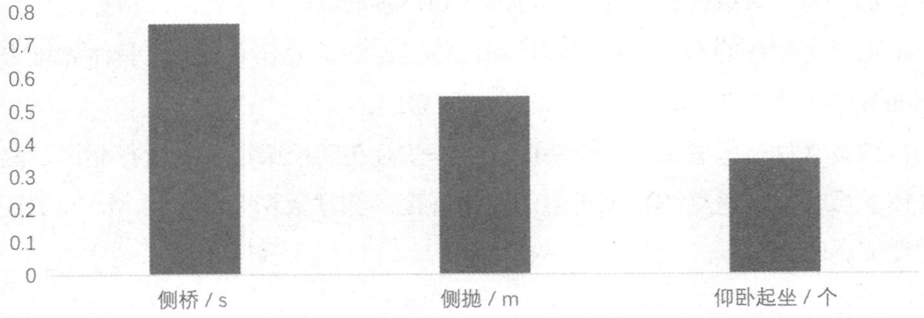

图 13–1　运动训练专业大学生的核心稳定性各指标的投影方向。

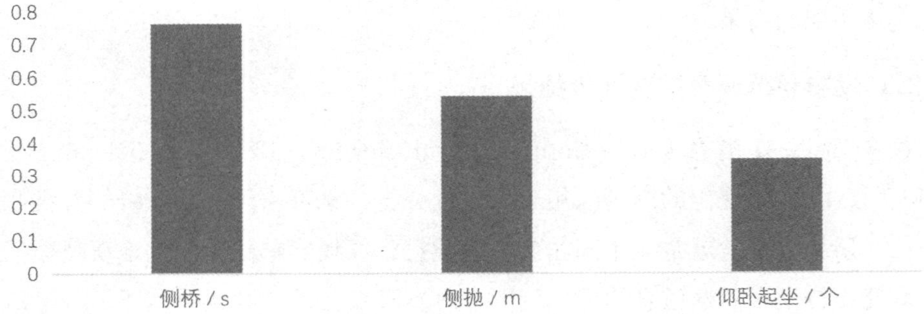

图 13–2　运动训练专业大学生的动态平衡各指标的投影方向。

由图 2 可知，从投影方向结果可知，后外侧的距离对运动训练专业大学生的动态平衡影响最大，后内侧次之，前方最低。

图 13–3　运动训练专业大学生的灵敏性各指标的投影方向。

同理可得，灵敏性各指标的投影方向。如图 13–3 所示，伊利诺斯对运动训练专业的大学生的灵敏性影响较大，十米折返跑次之。

2.2 核心稳定性与动态平衡、灵敏性的相关分析

人体的核心稳定性、动态平衡、灵敏性都是一个整体，投影寻踪分类评价不仅提供各指标投影方向及权重，还计算得出了投影值——综合评价结果，如表13–1 所示，表中有 104 个有效样本，限于篇幅仅举例说明。

表 13–1　核心稳定性、动态平衡和灵敏性综合评价结果、正态检验结果、相关分析

项目		核心稳定性	动态平衡	灵敏性
序号	1	0.372	0.737	0.766
	2	0.773	0.117	0.611
……		……	……	……
卡方值		10.385	3.4937	31.699
正态检验 P 值		0.2390>0.05	0.9415>0.05	0.0002<0.01
相关系数		R_{12}=0.223	R_{23}=0.162	R_{13}=0.512
相关检验的 P 值		0.013	0.025	0.000

由表 13–1 可知，核心稳定性综合评价结果的正态性检验卡方值为 10.385，P=0.239>0.05，表明核心稳定性综合评价结果呈正态分布；同理可得，动态平衡综合评价结果正态性卡方检验结果为 3.494，P=0.9415>0.05，表明动态平衡的综合评价结果呈正态分布。灵敏性的综合结果的正态性检验卡方值为 31.699，P=0.0002<0.01，表明灵敏性的综合结果不呈正态分布。因此，本研究使用 Spearman 相关分析法进行。通过计算，核心稳定性与动态平衡的相关系数为 0.223，经过检验 P=0.013。说明核心稳定性与动态平衡的相关性具有显著性意义；核心稳定性与灵敏性相关系数为 0.512，P=0.000，说明核心稳定性与灵敏性的相关性具非常显著意义；同理，灵敏性与动态平衡的相关性具有显著性意义。

2.3 核心稳定性与动态平衡、灵敏性的双重筛选逐步回归结果

核心稳定性包含 3 个指标，动态平衡有 3 个指标，灵敏性包含 2 个指标，探讨核心稳定性与动态平衡和灵敏性的关系，显然是 3 个自变量与 5 个因变量之间的关系，多个自变量与多个因变量数据建模和分析的经典方法有典型相关分析、偏最小二乘回归、双重筛选逐步回归和线性联立方程。在此本研究选择双重筛选逐步回归分析方法。

表 13-2　核心稳定性对动态平衡和灵敏性预测模型

组别	因变量	多元回归方程	R	P
1	$Y1$	$Y_3=1.5202+0.0172\ X_2$	0.1435	0.0001
	$Y2$	$Y_4=1.4957+0.0123X_2$	0.0683	0.0077
	$Y4$	$Y_1=20.5608-0.2647X_2$	0.3516	0.0000
	$Y5$	$Y_2=15.2341-0.2386\ X_2$	0.3221	0.0000
2	$Y3$	$Y_5=1.344-0.0007X_1+0.0101X_2$	0.0350	0.1682

通过寻优运算，系统确定筛选自变量的P值为0.26，并由系统将5个因变量分成2组，分别按组建立逐步回归方程。计算得出优化目标指标卡方值为78.2414，自由度为10，P=0.0000。从表13-2可以看出：因变量Y_1、Y_2、Y_4、Y_5为第一组，引入的自变量仅有X_2；因变量Y_3，引入的自变量有X_1、X_2。

表13-2显示，侧抛实心球与动态平衡和灵敏性所有指标关系密切。具体是，侧抛实心球与动态平衡的三个指标呈显著正相关，侧抛实心球距离越远，动态平衡的后外侧、后内侧与前方的距离越远。而侧抛实心球与灵敏性呈显著负相关，侧抛实心球距离越远，伊利诺斯和十米往返跑的时间越少。不同点在于，影响动态平衡的前方指标是两个因素共同作用所致，侧桥、侧抛实心球与前方呈显著负相关。

3 讨论

运用投影寻踪分类评价，得出不同指标的投影方向和投影值；相关分析得出整体上三者存在关联。采用双重逐步筛选回归分析对其分析，建立两种回归模型，为动态平衡、灵敏性的干预提供理论基础。

3.1 综合评价结果的讨论

侧桥测试主要被用于评价人体额状面侧方核心肌群的等长收缩耐力。人体侧方的核心肌群包括腰方肌、腹横肌、腹内斜肌、腹外斜肌、多裂肌、臀中肌等肌群。额状面将人体分为前后两部分，额状面的运动围绕着矢状轴进行。额状面的主要运动形式有四肢的内收和外展、脊柱的侧屈、踝关节的内收和外翻，如肩外展、侧弓步、侧向滑步等。侧桥耐力欠缺，在进行额状面运动时极可能诱发伤病，或者的动作协调性下降，导致整个运动效率受损。侧桥对运动训练专业大学生的核心稳定性影响最大，一方面，说明加强这些肌群的力量有助于提高其整体核心稳定性；另一方面，可能是运动训练专业大学生的身体额状面的训练不足，导致侧桥测试结果的差距较大，传统运动训练的特点之一为人体矢状面训练较多，忽视了水平面和额状面训练。其次是侧抛实心球，侧抛实心球测试主要用于评价水平面前部和回旋核心肌群的力量和爆发力。水平面又叫横截面，将人体运动分为上下两个部分，人体水平面的运动形式有内外旋转、左右脊柱旋转、水平内收和外展。如羽毛球、网球的挥拍的动作、高尔夫的挥杆、大腿在水平面的内收和外展等。相对而言，侧抛实心球对运动训练专业大学生的核心稳定性影响居其次，这方面能力同样需要加强，以提高其整体核心稳定性。1min 仰卧起坐测试主要用于评价矢状面核心肌群向心收缩的耐力。为什么仰卧起坐的能力在运动训练专业大学生的核心稳定性影响力最低？具体原因可能是仰卧起坐是这群大学生多年训练的日常手段，仰卧起坐差异小，其影响力随之降低。

伊利诺斯测试是历史悠久的灵敏性测试方法之一，有效性和可靠性已得到验证，该测试主要反映被试改变方向和控制重心的能力。此外，还可以反映身体直觉、肢体控制、步法，但反映核心力量和腿部力量不足。伊利诺斯测试成绩对运动训练专业大学生的灵敏性影响较大，说明加强其改变方向和控制重心的能力训练，突出身体直觉、肢体控制、步法的灵活性方面的优势，有利于改善整体灵敏性。十米往返跑反映的是运动员启动、制动、再启动的能力。腿部力量和核心力量影响十米往返跑的成绩，正好弥补了伊利诺斯测试的缺憾。从综合评价结果看，十米往返跑对运动训练专业大学生的灵敏性的作用稍逊，说明运动训练专业大学生的腿部力量和核心力量有待提升。

SEBT 测试主要评估人体的动态平衡能力和神经肌肉效率。由图 13−3 可知，三者的发展水平不平衡，尤其是前方距离仅为后外侧的一半，三个面的平衡能力不均衡将严重影响人体运动的神经肌肉效率和整体动态平衡能力。具体而言，后外侧的距离反映的是人体额状面动作控制能力。依据影响程度的大小，后外侧距离最长。通过改善额状面的动作控制能力最大限度的整体改善其动态平衡能力，也有利于在额状面运动的身体姿势的控制，如肩外展、侧向滑步等动作后的身体姿势调整。后内侧反映的是水平面的动作控制能力，在躯干旋转的运动方面，比如篮球变向运球、高尔夫运动挥杆，足球的侧向传球等动作控制将受到影响。前方则反映的是矢状面的动作控制能力，这方面动作姿势控制能力不足，做矢状面的运动如纵跳、跑步、深蹲及前弓步等动作时将会出现不必要的多余动作，降低人体前进或后退时的动作效率。

3.2 相关分析结果的讨论

动态平衡是指在各种条件下移动和改变方向而不会摔倒的能力。反之，敏捷性（灵敏性）是指在保持正确的姿势下，快速启动（或加速）、制动（或减速）和改变方向的能力。灵敏性与动态平衡能力是一对基本矛盾。

正如《矛盾论》揭示："矛盾存在于一切事物的发展过程中；每一事物的发展过程中存在着自始至终的矛盾运动。""认识矛盾是为了解决矛盾，推动事物的发展。解决不同的矛盾需要用不同的方法，这是马克思列宁主义者必须严格遵守的一个原则。"事物矛盾的解决方式一般有五种：①一方消灭一方的克服式。②同归于尽式。③分离式。④结合式。⑤融合式。其中，结合式是解决动态平衡与灵敏性矛盾的有效方式。结合式是指矛盾在运动中产生适合于对立面相互促进、协调发展的方式。解决动态平衡与灵敏性之间的矛盾关键在于发现其间的共通点。

维持身体平衡是一个综合的过程，需要最佳的肌肉平衡（长度—张力的关系和力偶关系）、关节的动力学，以及视觉输入、前庭输入和本体感觉输入的神经肌肉效率。敏捷性要求在以不同速度变换方向时，能够将人体的重心维持在其支撑面上，同样需要高水平的神经肌肉效率。增强人体的神经肌肉效率是既可以促进人体的动态平衡能力，又能实现灵敏性的发展。神经肌肉效率是指神经肌肉让主动肌、拮抗肌、协同肌、稳定肌和中和肌在所有三个运动平面上高效合作的能力。[21]

由 NASM 独家设计最佳运动表现训练（optimum performance training™，OPT™）模型将训练分为三个层次：稳定性、力量和爆发力。稳定性是一切训练的基础，必须先于力量训练和爆发力训练。该阶段的重点在于发展肌肉耐力和稳定性，同时发展最佳的神经肌肉效率。神经肌肉效率与动态平衡、灵敏性高度相关。而这又是核心稳定性训练的主旨所在，所以增强核心稳定性，可提高人体的神经肌肉效率，有利于动态平衡、灵敏性的改善。正如身体的蜘蛛网理论揭示："当一股力量施加在身体的核心时，整个身体都会有感觉。就像有东西触碰在蜘蛛网上的任何一根线上，蜘蛛网上的其他每一根线都会产生反应。"本研究从整体上验证了已有的理论假设。

3.3 核心稳定性对动态平衡、灵敏性双重筛选逐步回归结果的讨论

拥有良好的灵敏性，篮球、足球运动员能快速突破对方的防守，制造得分或者进攻机会；体操运动员可以在空中完成高质量的转身、团身等难度系数极高的组合动作。灵敏性在体育运动中，特别是在对抗类项目竞技中的意义巨大。由表 13-2 可知，灵敏性的伊利诺斯、十米往返跑，以及动态平衡中的后外侧、后内侧受相同自变量——侧抛实心球的影响；而动态平衡中的前方受侧桥和侧抛实心球影响。为何侧抛实心球影响绝大多数灵敏性和动态平衡能力？主要原因可能是：一是运动平面都以水平面为主。人体运动分为三个平面——水平面、额状面、矢状面。侧抛实心球虽同样是围绕着三个平面进行，但是水平面为主，额状面居次，矢状面较少。动态平衡和灵敏性的核心能力在于人体变向及其变向后保持身体姿势的能力，同样是考察运动员在水平面上运动的能力。侧抛实心球、侧桥与灵敏性、动态平衡的测试在运动平面上具有较强的交叉性，导致其间具备较强的相关性。二是肌肉工作机制类似。侧抛实心球、伊利诺斯、十字往返跑及动态平衡测试都是核心区发力，预先动员局部肌肉系统。其后，由起于骨盆，止于肋骨和下肢浅层肌肉的整体肌肉系统开始协同工作，并发挥着桥梁和纽带的作用，将力量有效传递给四肢。侧桥、侧抛实心球与动态平衡、灵敏性的运动方式共同之处在于变向和旋转，且离心收缩和向心收缩交替进行。由于肌肉工作机制趋同，侧抛实心球的成绩对维持身体动态平衡和保持高度灵敏有重要意义。

4 结论

在整体上核心稳定性与动态平衡、灵敏性存在关联。侧抛实心球与动态平衡、灵敏性的所有维度关系密切。因此，全面增强核心稳定性，突出水平面的力量、爆发力训练，可以增强动态平衡和灵敏性。

参考文献

[1] MUSTAFA SÖĞÜT. The relations between core stability and tennis-related performance determinants[J]. Biology of exercise, 2016, 12(2): 35-44.

[2] SHARROCK, CHRIS,CROPPER,JARROD,MOSTAD,JOEL,et al. A pilot study of core stability and athletic performance: is there a relationship? International Journal of Sports Physical Therapy[J]. The International Journal of Sports Physical Therapy,2011,6(2)63–74.

[3] NICOLE L.KAHLE, PHILLIP A. Core Stability Training in Dynamic Balance Testing Among Young, Healthy Adults[J]. Athletic Training & Sports Health Care: The Journal for the Practicing Clinician 2009, 1(2):65–85.

[4] SANDREY, MICHELLE M, JONATHAN G. Improvement in Dynamic Balance and Core Endurance After a 6–Week Core–Stability–Training Program in High School Track and Field Athletes[J]. Journal of Sport Rehabilitation,2013,22(4): 264–271.

[5] TARIK ÖZMEN I, ÜMIT GAFUROĞLU Ü, AYG N ALIYEVA A, EDA ELVERICI. Relationship between core stability and dynamic balance in women with postmenopausal osteoporosis[J]. Turkish Society of Physical Medicine and Rehabilitation, 2018,64(3):239–245.

[6] ABDI1 J, SADEGH H. The effect of eight–week core stability training program on the dynamic balance in young elite footballers [J]. Scoliosis,2013,8(1):20–23.

[7] SEVERA O,ERDAL ZORBAB E.Comparison of effect of static and dynamic core exercises on speed and agility performance in soccer players[J].Isokinetics & Exercise Science, 2018,26 (1):29–36.

[8] KIERAN NEIL MCCARTNEY KN, FORSYTH J. The efficacy of core stability assessment as a determiner of performance in dynamic balance and agility tests[J]. Journal of human sport & exercise,2017,12(3):640–650.

[9] THOMAS HAUGEN J, HAUGVAD, RØSTAD V. Effects of Core–Stability Training on Performance and Injuries in Competitive Athletes[J]. Sportscience,2016,20:1–7。

[10] Kokinda M, JESENSKY M, KANDRAC R, et al. Examination of Age-related Core Stability and Dynamic Balance in Hockey Players[J]. Sport Mont,2018, 16(2):21-24.

[11] MCGILL S M, CHILDS A,LIEBENSON C. Endurance times for low back stabilization Exercises:clinical targets for testing and training from a normal database[J]. Archives of Physical Medicine & Rehabilitation, 1999, 80(8):941-944.

[12] LEITZ R. The Relationship Between Core Stability Related Measures and Performance, in Jack N. Averitt College of Graduate Studies[D]. Georgia Southern University: Statesboro,2015.

[13] NESSER T W, HUXEL K C, TINCHER J L, et al. The Relationship Between Core Stability and Performance in Division I Football Players [J]. Journal of Strength & Conditioning Research, 2008, 22(6):1750-1754.

[14] OKADA T, HUXEL K C, NESSERTW. Relationship between core stability, functional movement, and performance [J]. Journal of Strength & Conditioning Research, 2011, 25(1):252-261.

[15] MARSHALL P W, MURPHY B A.Core stability exercises on and off a Swiss ball.Arch Phys Med Rehabil. 2005(86):242-249.

[16] ELLENBECKER T,Roetert P. An isokinetic profile of trunk rotation strength in elite tennis player [J]. Medicine and Science in Sports and Exercise, 2004, 36 (11): 1959-1963.

[17] NATIONAL STRENGTH AND CONDITIONING ASSOCIATION, JEFFERY M. Willardson. Developing the Core[M]. National Strength and conditioning Association,2016.

[18] 美国国家体能协会. 体能测试与评估 [M]. 高炳宏，杨涛，译. 人民邮电出版社，2019.

[19] GAMBETTA V . Athletic development[M].human kinetics,2006.

[20] 赵勇，赵培方，赵俊，等. 基于投影寻踪分类法评价 43 份澳大利亚甘蔗种质资源 [J]. 亚热带农业研究，2019，15（1）：7-13.

[21] National Academy Of Sports Medicine，Clark MA,SCOTT C LUCETT SC,et al.NASM Essentials of Personal Fitness Training[M]. Jones & Bartlett Learning,LLc,2018.